JN081813

晩ごはん食堂

週末まとめ買いから
平日5日間のラクチン献立

はじめに

私は「晩ごはん食堂」というYouTubeチャンネルで動画を投稿しています。
自身のレシピ記録を兼ねて日々の晩ごはんを投稿する中で、
「献立を考えるのがストレス」
「いつもワンパターンになる」
「買ったものを使いきれず無駄にしてしまう」
といったお悩みを目にするようになりました。
料理が好きでも、毎日のこととなると億劫な気持ちになるもの。

"毎日の料理のストレスをいかに減らせるか。
かつ美味しさやバリエーションの豊かさはキープしたい!"

そんなふうに投稿を続けていくうちに、
ありがたいことにレシピを作ってくださる方が増え、
「簡単に美味しくできた!」
「1週間マネして作ったらすごくラクになった!」
といううれしいお声をたくさんいただくようになりました。

本書でも、食材をうまく使い回しながら、簡単に手早くできる
1週間のレシピを掲載しています。
毎日のごはん作りを少しでもラクにするヒントになりましたら幸いです。

晩ごはん食堂

\\ ラクチン&美味しい! //
晩ごはん食堂のルーティン

Routine 1 買い物は週1回だけ

本書では月曜〜金曜までの平日5日間の献立のレシピをご紹介しています。忙しい方でも作りやすいよう、買い物は週1回だけ。週末にまとめ買いすることを想定し、各週のはじめに1週間持たせるための保存方法を掲載しています。もちろん、ご自身のスケジュールに合わせて、違う曜日や週2回に分けて買い物していただいても構いません。

Routine 2 特別な材料は使わない

食材は特別なものではなく、どこのスーパーでも手に入る一般的なものを使っています。毎日のごはん作りは気負わず手軽に作れるものが継続しやすいですし、使い回しづらい食材だと余らせてしまいコスパも悪くなるからです。同様に調味料も一般的なご家庭にあるものを中心に。ややめずらしいものを使用する際には、代用品を記載しました。

Routine 3 メインの食材はバランスよく

メインの食材は、週全体で偏らないように考えています。「昨日は豚肉だから今日は鶏肉に」「週に1日は魚を入れる」など、ざっくりと決めておくことで献立のバリエーションが出ます。魚調理が苦手な方は多いと思うのですが、本書のレシピは鍋やフライパンで作れるものばかりで後片付けもラク。ぜひ取り入れてみてください。

Routine 4

副菜は野菜
1〜2種あればOK

「副菜が思いつかない」という悩みをよく聞くのですが、野菜1〜2種で簡単に作るだけでも十分バランスのよい食卓になります。メインに使う野菜の余りを活用したり、まとめて作ってアレンジすることも。また、野菜を冷凍保存しておくと、解凍して調味料を和えるだけで作れる副菜もあるのでおすすめです。

Routine 5

旬のものを取り入れる

旬の食材は、その時期が一番美味しいですし、栄養価も高くなっています。価格も安くなることが多いので、節約の面でもうれしいですね。P.102で旬の食材を紹介していますので、ぜひ献立に取り入れてみてください。また、食材、特に野菜の色を赤、緑、白などカラフルに揃えることで彩りがよくなり、見た目にも美味しく、栄養バランスも整います。

料理を作る前に

- 材料の表記は1カップ＝200mℓ（200cc）、大さじ1＝15mℓ（15cc）、小さじ1＝5mℓ（5cc）です。
- 火加減は特に記載のない場合は中火になります。
- 野菜は特に記載のない場合は中サイズになります。
- 油は特に記載のない場合はお好みのものをご使用ください。
- 「野菜を洗う」「皮をむく」「ヘタを取る」「石づきを取る」などの基本的な下ごしらえは一部省略しております。

- レシピには目安となる分量や調理時間を記載していますが、食材や調理器具によって差がありますので、様子を見ながら加減してください。
- 電子レンジの加熱時間は600Wのものを使用した場合の目安です。500Wの場合は、1.2倍を目安に様子を見ながら加熱時間を加減してください。
- 保存のために冷凍した食材は、解凍して使用してください。肉、魚は使う日の朝に冷蔵庫やチルド室に移して解凍、野菜などはレンジ解凍がおすすめです。

CONTENTS

Fourth week
4週目

いつもと少し雰囲気を変えて

洋食多めの バラエティ献立
80

Fifth week
5週目

まとめて作って時短に!

忙しい週の 作り置き献立
104

1週目

\\ 玉ねぎ、にんじん、じゃがいもetc. //

定番食材で和食の献立

一年中手に入りやすい食材を取り入れた献立です。
価格の変動が少ないので、節約にもぴったり。
季節を問わず作れるので、ぜひ定番メニューに加えてください。

今週のお買い物リスト

□ 豚バラ薄切り肉…300ｇ
□ 鶏もも肉…中～大2枚（600ｇ）
□ 鮭…2切れ
□ 小松菜…2袋（大8株）
□ じゃがいも…小5個（500ｇ）
□ 玉ねぎ…2個
□ 長ねぎ…1本
□ にんじん…2本
□ もやし…1袋（200ｇ）
□ キャベツ…適宜（付け合わせ用）
□ ミニトマト…適宜（付け合わせ用）
□ しょうが（チューブでも可）…小1個

□ にんにく（チューブでも可）…1かけ
□ しめじ…1袋
□ まいたけ…1袋
□ バター（ごま油でも可）…20ｇ程度
□ 厚揚げ…1枚（150ｇ）
□ 絹豆腐…1丁（300ｇ）
□ 青のり…適量
□ 鰹節…1パック（1.5ｇ）
□ ちくわ…1袋（3本）
□ わかめ（乾燥）…適量
□ 海苔…適宜

今週の使用調味料

{ 塩・こしょう・砂糖・醤油・みりん・酒・酢・味噌・めんつゆ（3倍濃縮）・
ポン酢・マヨネーズ・和風だし（顆粒）・鶏ガラスープの素（顆粒）・白いりごま・
白すりごま・ごま油・片栗粉 }

肉・魚

鶏もも肉は1枚ずつラップ
に包み保存袋に入れて冷凍。

豚バラ薄切り肉は月曜日使用分
以外を保存。木曜日の100gをラ
ップに包み保存袋に入れて冷凍。

鮭は1切れずつラップに包み保
存袋に入れて冷凍。

野菜

小松菜は月曜日、火曜日使用分以外を
保存。火曜日にまとめて茹で、しっか
り水気を絞り、1〜2株ずつラップに
包み保存袋に入れて冷凍。

もやしは保存容器に水をはり、浸して
冷蔵保存。水は毎日替えると長持ちす
る。

きのこ

しめじは火曜日に全量
小房に分け、使用分以
外を保存袋へ広げるよ
うに入れて冷凍。解凍
すると水分が出るので
凍ったまま使用する。

まいたけは月曜日に全量小房に分け、
使用分以外を保存袋へ広げるように
入れて冷凍。凍ったまま使用する。

※冷凍した食材は、特に記載のない場合は解凍して使用してください（P.5参照）。

Monday　月曜日
「豚肉のしょうが焼き」
の献立

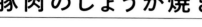

豚肉のしょうが焼き

(材料 | 2人分)

豚バラ薄切り肉（ロースでも可）
　… 200g
玉ねぎ … ½個（100g）
A | 醤油 … 大さじ2
　| 酒 … 大さじ2
　| みりん … 大さじ1と½
　| しょうが（チューブまたは
　|　すりおろし）… 大さじ1
　| 砂糖 … 小さじ1と½
キャベツ（千切り）… 適宜
ミニトマト … 適宜

(作り方)

1　豚肉は一口大に切る。玉ねぎはくし形切りにする。

2　フライパンを熱し、豚肉を炒める。肉の色が変わってきたら玉ねぎを加えてしんなりするまで炒める。

3　火を少し弱め、Aを加える。たれが具材に絡むまで2〜3分炒める。

4　器に盛り、キャベツ、ミニトマトを添える。

[MEMO]
豚肉はお好みの部位でOK。薄切り肉だと粉を振らなくても味が絡むので手間が省けます。少し厚切りの肉を使う場合は、表面に薄く小麦粉をまぶして焼くと、パサつきを抑えられ味の絡みもよくなります。

にんじんのごま和え

(材料 | 2人分)

にんじん … 1本（180g）
A | 白すりごま … 大さじ1と½
　| ごま油 … 小さじ2
　| 和風だし（顆粒）… 小さじ1と½
　| 塩 … 少々

(作り方)

1　にんじんは細切りにする。

2　耐熱容器に1を入れ、ラップをしてレンジで5分加熱する。

3　熱いうちにAを加え、混ぜ合わせる。

[MEMO]
水分が出にくいので作り置きやお弁当のおかずにもおすすめ。和風だしはメーカーによって塩分量が違うので、塩の量は味を見て調整してください。

いももち

水曜日の「じゃがいもだんご汁」のじゃがいもタネの作り置き分を含む

（材料｜2人分）

[じゃがいもタネ]
じゃがいも
　…小3個（300g）
水…大さじ1
塩…ふたつまみ
こしょう…少々
片栗粉…大さじ2

油…小さじ1〜2
A｜醤油…大さじ1
　｜みりん…大さじ1
　｜水…小さじ2
　｜砂糖…小さじ1
海苔…適宜

（作り方）

1　じゃがいもは小さめの乱切りにし、耐熱容器に入れて水を回しかける。ふんわりとラップをし、電子レンジで6〜7分加熱する。

2　熱いうちに1をしっかりと潰し、塩、こしょうを入れて混ぜる。粗熱が取れたら片栗粉を加え、水を小さじ1ずつ（分量外）足しながら、なめらかになるまで混ぜ、丸めやすいかたさにする。

3　⅔量を5〜6個に分けて丸め、平らに成形する。
　※残りの⅓量は直径2cm程度のだんご状に丸め、冷凍保存しておく。

4　フライパンに油を熱し、3を焼く。焼き色がついたら返して蓋をし、弱火で3分程度蒸し焼きにする。

5　Aを加え、汁気がなくなるまで煮詰める。

6　好みで海苔を巻く。

（MEMO）
じゃがいもはしっかりレンジ加熱して塊がなくなるまで潰すことでもっちり食感に。かたいところがある場合は追加加熱してください。

小松菜と
まいたけの味噌汁

（材料｜2人分）

小松菜…1株（50g）
まいたけ…⅓袋
水…350ml
和風だし（顆粒）…小さじ½
味噌…大さじ1と½

（作り方）

1　小松菜は3cm幅に切る。まいたけは小房に分ける。

2　鍋に水、小松菜を入れて火にかける。沸騰したらまいたけ、和風だしを加えてひと煮立ちさせる。

3　火を止めて味噌を溶き入れる。

Tuesday　火曜日
「鶏肉と厚揚げの
　きのこあんかけ煮」
　の献立

14

鶏肉と厚揚げの きのこあんかけ煮

（材料｜2人分）

鶏もも肉 … 1枚（270g）
厚揚げ … 1枚（150g）
しめじ … ⅓袋
まいたけ … ⅓袋
A｜水 … 150mℓ
　｜醤油 … 大さじ2
　｜みりん … 大さじ2
　｜砂糖 … 大さじ1
　｜片栗粉 … 小さじ2
塩 … 少々
長ねぎの青い部分（小口切り）
　… 適宜

（作り方）

1　鶏肉と厚揚げは一口大に切る。しめじとまいたけは小房に分ける。Aは混ぜ合わせておく。

2　フライパンを熱し、鶏肉を皮目を下にして並べ、塩を振る。焼き色がついたら返し、反対側にも焼き色がついてきたら、隙間に厚揚げを加えて全面を軽く焼く。

3　しめじ、まいたけをかぶせるように入れ、蓋をして弱火で5〜6分蒸し焼きにする。

4　Aを加えて中火にして全体を混ぜ、とろみをつける。好みで長ねぎを振る。

（MEMO）
あんかけにお好みでしょうがの千切りやすりおろしを少々加えると、さわやかな味わいに。

もやしのごま酢和え

（材料｜2人分）

もやし … ½袋（100g）
A｜白いりごま … 大さじ1
　｜醤油 … 小さじ2
　｜砂糖 … 小さじ1
　｜ごま油 … 小さじ1
　｜酢 … 小さじ1弱

（作り方）

1　もやしは耐熱容器に入れ、ラップをして電子レンジで2分加熱する。

2　水気をよく切り、Aを加えて混ぜ合わせる。

小松菜とちくわの醤油マヨ

(材料｜2人分)

小松菜 … 2株（100g）
ちくわ … 1と½本
A｜マヨネーズ … 大さじ1
　｜醤油 … 小さじ2
　｜白いりごま … 小さじ½

(作り方)

1　小松菜は茎と葉を切り分け、熱湯に茎、葉の順に入れて2〜3分茹でる。冷水にさらして水気を絞り、3cm幅に切る。ちくわは斜め切りにする。

2　ボウルに1、Aを入れ、混ぜ合わせる。

(MEMO)
小松菜は他の日の分もまとめて茹でて冷凍しておくと便利です（P.9参照）。また、茹でずにレンジ加熱（P.110参照）でもOK。

玉ねぎとわかめの味噌汁

(材料｜2人分)

玉ねぎ … ¼個
水 … 350ml
わかめ（乾燥）… 小さじ1
和風だし（顆粒）
　… 小さじ½
味噌 … 大さじ1と½

(作り方)

1　玉ねぎは薄切りにする。

2　鍋に水、1を入れて火にかける。沸騰したらわかめ、和風だしを加えてひと煮立ちさせる。

3　火を止めて味噌を溶き入れる。

鮭のホイル焼き

材料｜2人分

小松菜 … 1株（50g）
長ねぎ … ¼本
鮭 … 2切れ
しめじ（小房に分ける）… ⅓袋
A｜バター … 20g程度
　　（ごま油小さじ2でも可）
　　塩、こしょう … 各少々
ポン酢 … 適量

作り方

1 小松菜は3cm幅に切る。長ねぎは斜め切りにする。

2 アルミホイルの上に鮭1切れを置き、1、しめじ、Aの半量をのせ、アルミホイルを端から包むようにして閉じる。同様にもう1つ作る。

3 フライパンに2を並べ、蓋をして弱火で7〜8分加熱する。

4 器に盛り、ポン酢をかける。

MEMO
小松菜は生でも冷凍でもそのまま使用できます。

小松菜のおかか和え

木曜日の作り置き分を含む

材料｜2人×2日分

小松菜（茹でたもの）… 大4株
醤油 … 小さじ4
砂糖 … 小さじ2
鰹節 … 2パック（3g）

作り方

1 小松菜は水気をしっかり絞り、3cm幅に切る。

2 ボウルに材料を全て入れ、混ぜ合わせる。

MEMO
冷凍の小松菜を解凍して使用する場合は、水分が出やすいのでしっかり絞って。

もやしとにんじんの
ナムル

金曜日の作り置き分を含む

(材料 | 2人×2日分)

にんじん … ½本（90g）
もやし … ½袋（100g）
A | 醤油 … 小さじ2
　| 白いりごま … 小さじ2
　| ごま油 … 小さじ2
　| 鶏ガラスープの素（顆粒）
　|　 … 小さじ1
　| にんにく（チューブまたは
　|　 すりおろし）… 小さじ½

(作り方)

1　にんじんは細切りにする。

2　耐熱容器に1を入れラップをし、電子レンジで1分30秒加熱する。もやしを加え、さらに2分加熱する。

3　水気をしっかり切り、Aを加えて混ぜ合わせる。

(MEMO)

ナムルは時間をおくと味が染みるので作り置きにおすすめですが、もやしは水分が出やすいので、Aを混ぜる前にキッチンペーパーなどで水気をしっかり取ってください。

じゃがいもだんご汁

じゃがいもタネは月曜日（P.13）の作り置きを使用

(材料 | 2人分)

玉ねぎ … ¼個
水 … 400㎖
和風だし（顆粒）… 小さじ½
じゃがいもタネ
　（月曜日の作り置き）
　 … 直径2cm 8〜10個
味噌 … 大さじ1と½

(作り方)

1　玉ねぎは薄切りにする。

2　鍋に水、1、和風だしを入れて火にかける。沸騰したらじゃがいもタネをそっと加えて2〜3分茹でる。

3　じゃがいもタネの表面がつるんと半透明になったら火を止め、味噌を溶き入れる。

(MEMO)

じゃがいもタネは冷凍のまま加えてOK。崩れやすいので弱〜中火であまり動かさずに加熱を。

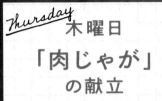

肉じゃが

（材料｜2人分）

豚バラ薄切り肉 … 100g
じゃがいも … 小2個（200g）
にんじん … ½本（90g）
玉ねぎ … ½個（100g）
油 … 小さじ1
A｜水 … 150mℓ
　｜醤油 … 大さじ2
　｜酒 … 大さじ2
　｜みりん … 大さじ1と½
　｜砂糖 … 大さじ1
　｜和風だし（顆粒）… 小さじ1

（作り方）

1　豚肉は一口大に切る。じゃがいも、にんじんは乱切りにする。玉ねぎはくし形切りにする。

2　鍋に油を熱し、豚肉を入れて炒める。肉の色が変わり始めたらじゃがいも、にんじん、玉ねぎを加え、油が全体に回るように軽く炒める。

3　Aを加えて軽く混ぜ、蓋をして弱火で20分程度煮る。

4　蓋を開けて2〜3分煮詰める。

［MEMO］
できあがってから少し時間をおいた方が味が染みます。

水曜日の作り置き（P.20）

小松菜のおかか和え

揚げない揚げ出し豆腐

材料｜2人分

絹豆腐 … ⅔丁（200g）
片栗粉 … 大さじ2〜3
A｜水 … 90mℓ
　｜めんつゆ（3倍濃縮）
　｜　… 30mℓ
長ねぎ（小口切り）… 適量
しょうが（チューブまたは
　すりおろし）… 適量

作り方

1　豆腐はキッチンペーパーで包み、皿などの
　重しをのせて20〜30分おき、しっかり水
　切りしておく。食べやすい大きさに切り、
　全面に片栗粉をまぶす。

2　鍋に底から1〜2cm程度の油（分量外）を入
　れて熱し、1を揚げ焼きにする。焼き色が
　ついたら返し、全面に焼き色をつける。

3　器に盛り、電子レンジで軽く温めたAをか
　ける。長ねぎ、しょうがをのせる。

MEMO

めんつゆは2倍濃縮や4倍濃縮でもOKです。計
120mℓになるよう、薄めに希釈してください。

きのこのお吸いもの

材料｜2人分

長ねぎ … 適量
水 … 350mℓ
しめじ（小房に分ける）… ⅓袋
まいたけ（小房に分ける）… ⅓袋
和風だし（顆粒）… 小さじ1
醤油 … 小さじ2

作り方

1　長ねぎは小口切りにする。

2　鍋に水、しめじ、まいたけを入れて火にか
　ける。火が通ったら1、和風だしを加える。

3　醤油を加え、火を止める。

金曜日 のレシピ

鶏肉のごま味噌照り焼き

材料｜2人分

鶏もも肉 … 大1枚（330g）
塩、こしょう … 各少々
長ねぎ … ½本
A｜醤油 … 大さじ1
　｜酒 … 大さじ1
　｜みりん … 大さじ1
　｜味噌 … 大さじ1
　｜白すりごま … 大さじ1
　｜砂糖 … 小さじ2
　｜しょうが（チューブまたは
　｜　すりおろし）… 小さじ1
キャベツ（千切り）… 適宜
ミニトマト … 適宜

作り方

1　鶏肉は厚い部分に切り込みを入れて開き、厚みを均一にする。両面に塩、こしょうを振る。長ねぎは4～5cm幅に切る。Aは混ぜ合わせておく。

2　フライパンを熱し、鶏肉を皮目から焼く。焼き色がついたら返し、反対側にも焼き色がついてきたら、隙間に長ねぎを加える。

3　蓋をして弱火で7～8分蒸し焼きにする。

4　Aを加え、中火にして鶏肉、長ねぎに絡めながら、汁気が少なくなり照りが出るまで煮詰める。

5　鶏肉の粗熱が取れたら食べやすい大きさに切って器に盛り、長ねぎ、キャベツ、ミニトマトを添える。

水曜日の作り置き（P.21）

もやしとにんじんのナムル

ちくわと玉ねぎの 磯辺サラダ

（材料｜2人分）

ちくわ … 1と½本
玉ねぎ … ½個（100g）
マヨネーズ … 大さじ1
醤油 … 小さじ1
青のり … 小さじ1程度

（作り方）

1 ちくわは斜め切りにする。玉ねぎは薄切りにし、水に5～10分さらして水気をしっかり切る。

2 ボウルに材料を全て入れ、混ぜ合わせる。

（MEMO）
玉ねぎの辛味をしっかり抜きたいときは、水300mℓに酢小さじ1を入れてさらすと◎。

豆腐とわかめの味噌汁

（材料｜2人分）

絹豆腐 … ⅓丁（100g）
水 … 350mℓ
わかめ（乾燥）… 小さじ1
和風だし（顆粒）… 小さじ½
味噌 … 大さじ1と½

（作り方）

1 豆腐は2cm角に切る。

2 鍋に水、1を入れて火にかける。沸騰したら乾燥わかめ、和風だしを加える。

3 火を止めて味噌を溶き入れる。

5分で完成！ 副菜レシピ

水菜の明太白和え

材料｜2人分

水菜 … 2株程度（60g）
A｜絹豆腐 … ⅓丁
　｜明太子（薄皮を除く）
　｜　　… ½腹
　｜白すりごま … 小さじ2
　｜醤油 … 小さじ1

作り方

1 水菜は3～4cm幅に切る。
　Aの豆腐は水切りしておく。

2 ボウルにAを入れ、豆腐を
　崩しながら混ぜ合わせる。

3 水菜を加えて和える。

ブロッコリーとツナのサラダ

材料｜2人分

ブロッコリー… ½株
ツナ缶（油漬け）… 1缶
A｜醤油 … 小さじ2
　｜砂糖 … 小さじ1
　｜酢 … 小さじ1弱
　｜こしょう … 少々

作り方

1 ブロッコリーは一口大に
　（茎の部分は角切りに）切っ
　て茹で、水気を切る。ツナ
　は油を軽く切っておく。

2 ボウルに1を入れ、Aを加
　えて混ぜ合わせる。

MEMO

ノンオイルのツナ缶を使用す
る場合はごま油を少々足して。

豆苗と海苔のサラダ

材料｜2人分

豆苗 … ½袋（60g）
ポン酢 … 小さじ2
ごま油 … 小さじ1
韓国海苔（海苔でも可）
　　… 8切5枚

作り方

1 豆苗は3cm幅に切る。

2 ボウルに1、ポン酢、ごま
　油を入れ、さっくりと混ぜ
　合わせる。海苔の半量を手
　でちぎりながら加えて和え
　る。

3 器に盛り、残りの海苔をち
　ぎってのせる。

もう少しだけ献立にボリュームを出したい、野菜をちょこっと
プラスしたいというときにおすすめの副菜レシピをご紹介。
どれも5分あればできる超スピードレシピです。

長いものキムチ和え

（材料｜2人分）

長いも … 10cm（130g）
A｜白菜キムチ … 80g
　｜めんつゆ（3倍濃縮）
　｜　… 小さじ2
　｜ごま油 … 小さじ1
青のり … 適量

（作り方）

1　長いもは拍子木切りにする。

2　ボウルに1、Aを入れて混ぜ合わせる。

3　器に盛り、青のりを振る。

小松菜とツナのごまナムル

（材料｜2人分）

小松菜 … 2株
ツナ缶（油漬け）… 1缶
鶏ガラスープの素（顆粒）
　… 小さじ1
白いりごま … 小さじ1
ごま油 … 小さじ1

（作り方）

1　小松菜は茹でて水気を絞り、3cm幅に切る。ツナは油を切っておく。

2　ボウルに材料を全て入れ、混ぜ合わせる。

MEMO
冷凍小松菜を使うと便利。レンジで解凍して、水気を絞って使用してください。

オクラポン酢の冷やっこ

（材料｜2人分）

A｜オクラ … 4本
　｜ポン酢（めんつゆでも可）… 大さじ1
　｜ごま油 … 小さじ1
絹豆腐 … ½丁（150g）
白いりごま … 適量

MEMO
冷凍オクラを使うと便利。凍ったまま切ってそのまま和えるだけでOKです。

（作り方）

1　Aのオクラは茹でて水気を切り、小口切りにする。

2　Aをボウルに入れて混ぜ合わせる。

3　豆腐を食べやすい大きさに切って器に盛り、2をかけ、いりごまを振る。

\\ 発酵食品、食物繊維etc. //

腸活食材で
ヘルシー献立

納豆やキムチなどの発酵食品や食物繊維の多い根菜類など、
腸の調子を整えるメニューを意識しました。疲れがたまっている
とき、忙しいときなど、免疫力を上げたいときにおすすめです。

今週のお買い物リスト

□ 牛薄切り肉 … 150g
□ 豚バラ薄切り肉 … 230g
□ 鶏もも肉 … 中〜大2枚（620g）
□ 鯖 … 半身1枚
□ アボカド … 1個
□ ごぼう … 1本
□ 大根 … 大½本（650g）
□ 玉ねぎ … 1個
□ 長ねぎ … 2本
□ ほうれん草 … 2袋（12株）
□ れんこん … 1本（350g程度）
□ しょうが（チューブでも可）… 2かけ

□ にんにく（チューブでも可）
　 … 2かけ
□ しいたけ … 8個
□ 納豆 … 4パック
□ 木綿豆腐 … 1丁（300g）
□ 鰹節 … 2パック（3g）
□ 刻み海苔 … 適量
□ 白菜キムチ … 1パック（300g）
□ 昆布 … 2枚（5cmサイズ）
□ 鷹の爪 … 適量
□ とろろ昆布 … 適量
□ パセリ（乾燥）… 適宜

今週の使用調味料

塩・こしょう・砂糖・醤油・醤油麹（醤油でも可）・みりん・酒・酢・味噌・
めんつゆ（3倍濃縮）・マヨネーズ・和風だし（顆粒）・鶏ガラスープの素（顆粒）・
白いりごま・白すりごま・ごま油・片栗粉

食材の保存方法

肉

豚バラ薄切り肉は水曜日の80gと木曜日の150gに分け、ラップに包み保存袋に入れ冷凍。

鶏もも肉は1枚ずつラップに包み保存袋に入れ冷凍。

※牛肉は月曜日に使用するので保存はなし。

魚

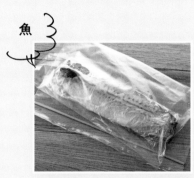

きのこ

鯖は半身のまま、ラップに包み保存袋に入れ冷凍。

しいたけは月曜日に使う4個を残し、残りはそぎ切りにして保存袋に広げるように入れて冷凍。凍ったまま炒め物や汁物に使用する。

野菜

ほうれん草は月曜日にまとめて茹で、しっかり水気を絞り、1～2株ずつラップに包み保存袋に入れ冷凍。

使いかけのれんこんは保存容器に水をはり、浸して冷蔵庫で保存すると長持ちする。

※冷凍した食材は、特に記載のない場合は解凍して使用してください（P.5参照）。 33

Monday 月曜日
「肉豆腐」
の献立

肉豆腐

材料｜2人分

牛薄切り肉（豚肉でも可）… 150g
木綿豆腐 … ⅔丁（200g）
長ねぎ … ½本
ごぼう … ¼本（40g）
しいたけ … 4個
A｜水 … 100㎖
　｜醤油 … 大さじ2
　｜みりん … 大さじ2
　｜砂糖 … 大さじ1
　｜酒 … 大さじ1
　｜和風だし（顆粒）… 小さじ1

作り方

1　牛肉は食べやすい大きさに切る。豆腐は水切りし、食べやすい大きさに切る。長ねぎは斜め切りにし、ごぼうはピーラーでささがきにする。しいたけは軸と笠に分け、軸は縦半分、笠は飾り切りにする。

2　鍋を熱し、牛肉を炒める。肉の色が変わり始めたら長ねぎも入れて軽く炒める。

3　Aを入れて混ぜ合わせ、豆腐、ごぼう、しいたけを加え、蓋をして弱火で8分程度煮込む。

4　蓋を開けて1〜2分軽く煮詰める。

MEMO
豆腐は最初に軽く焼き、焼き色をつけても。完成後に冷ましてから再度火を入れると味がより染みます。

ほうれん草のナムル

材料｜2人分

ほうれん草 … 4株
白すりごま … 小さじ1
鶏ガラスープの素（顆粒）
　… 小さじ½
ごま油 … 小さじ½

作り方

1　ほうれん草は茎と葉を切り分け、熱湯に茎、葉の順に入れて2〜3分茹でる。冷水にさらして水気を絞り、3cm幅に切る。

2　ボウルに材料を全て入れ、混ぜ合わせる。

MEMO
ほうれん草は他の日の分もまとめて茹でて冷凍しておくと便利です（P.33参照）。ほうれん草はシュウ酸というカルシウムの吸収を阻害する成分を含みます。レンジ加熱だと残ってしまうので茹でるのが◎。

キムチと大根のサラダ

(材料｜2人分)

大根 … 4〜5cm（100g）
白菜キムチ … 80g
ごま油 … 少々
刻み海苔 … 適量

(作り方)

1　大根は1cmの角切りにする。

2　ボウルに大根、キムチ、ごま油を入れて混ぜる。

3　器に盛り、海苔をのせる。

れんこんと
とろろ昆布の味噌汁

(材料｜2人分)

れんこん … 3〜4cm（70g）
水 … 350mℓ
和風だし（顆粒）… 小さじ½
とろろ昆布 … ふたつまみ
味噌 … 大さじ1と½

(作り方)

1　れんこんは3mm幅のいちょう切りにする。

2　鍋に水、1を入れ火にかける。火が通ったら和風だし、とろろ昆布を入れる。

3　火を止めて味噌を溶き入れる。

MEMO

れんこんはサイズにより、輪切りや半月切り、いちょう切りなどお好みで。

Tuesday 火曜日
「鶏肉のみぞれ煮」
の献立

鶏肉のみぞれ煮

（材料 | 2人分）

鶏もも肉 … 1枚（270g）
玉ねぎ … ½個（100g）
A｜大根 … ¼本（250g）
　｜醤油 … 大さじ3
　｜みりん … 大さじ1と½
　｜砂糖 … 大さじ1
　｜酢 … 小さじ2
　｜酒 … 小さじ1
塩 … ひとつまみ

（作り方）

1 鶏肉は一口大に切る。玉ねぎはくし形切りにする。Aは大根をすりおろし、混ぜ合わせておく。

2 鍋を熱し、鶏肉の皮目を下にして並べ、塩を振る。焼き色がついたら返し、反対側にも焼き色がついてきたら、玉ねぎを加えて軽く炒める。

3 Aを加え、蓋をして弱火で7〜8分煮る。

4 蓋を開け、2〜3分軽く煮詰める。

（MEMO）
大根おろしは汁ごと使用してOK。使用部位や季節によって水分量が変わるので、4の煮詰め時間は好みの濃さになるよう加減して。

ほうれん草と アボカドのサラダ

（材料 | 2人分）

ほうれん草（茹でたもの）… 2株
アボカド … ½個
めんつゆ（3倍濃縮）… 小さじ2〜
白いりごま … 小さじ1

（作り方）

1 ほうれん草は水気をしっかり絞り、3cm幅に切る。アボカドは1cm角に切る。

2 ボウルに材料を全て入れ、混ぜ合わせる。

納豆キムチ

（ 材料｜2人分 ）

納豆 … 2パック
白菜キムチ … 60g
ごま油 … 小さじ1
刻み海苔 … 適量

（ 作り方 ）

1　納豆は付属のたれを入れて混ぜ、器に盛り、キムチを添える。

2　ごま油を回しかけ、海苔をのせる。

雷汁

（ 材料｜2人分 ）

長ねぎ … 10cm
ごま油 … 小さじ1
木綿豆腐 … ⅓丁（100g）
水 … 350mℓ
和風だし（顆粒）… 小さじ½
しいたけ（そぎ切り）… 2個
味噌 … 大さじ1と½

（ 作り方 ）

1　長ねぎは小口切りにする。

2　鍋にごま油を熱し、豆腐を入れて崩しながら1分程度炒める。

3　水、和風だし、1、しいたけを加え、ひと煮立ちさせる。

4　火を止めて味噌を溶き入れる。

[MEMO]

豆腐を炒めるときにバリバリと音がすることから雷汁。ごま油で炒めることで風味やコクが増します。豆腐はお好みで絹でも構いません。

鯖の味噌煮

材料 | 2人分

鯖 … 半身1枚
しょうが … 1かけ
長ねぎの青い部分 … 15cm
A｜水 … 100㎖
　｜酒 … 大さじ2
　｜昆布 … 2枚（5cmサイズ）
B｜味噌 … 20g
　｜みりん … 大さじ1
　｜砂糖 … 小さじ1
　｜醤油 … 小さじ1

作り方

1 鯖は半身を半分に切り、十字の切り目を入れる。ざるに入れて熱湯を回しかける。しょうがは薄切りにし、長ねぎは5cm幅に切る。Bは混ぜ合わせておく。

2 鍋にAを入れ、昆布の上に鯖をのせる。隙間にしょうがと長ねぎを入れて弱火にかける。

3 アクを取りながら、Bの⅔量を加えて蓋をして弱火で10分程度煮る。

4 残りのBも加え、スプーンで煮汁を鯖に回しかけながら2分程度煮る。

MEMO

鯖は浅く切り目を入れることで味が染みやすくなって◎。作った後はしばらくおいておくと味がよく入ります。

ほうれん草の即席おひたし

材料 | 2人分

ほうれん草（茹でたもの） … 4株
醤油 … 小さじ½〜
めんつゆ（3倍濃縮） … 小さじ1
鰹節 … 1パック（1.5g）

作り方

1 ほうれん草は水気を絞り、3cm幅に切る。

2 ボウルに1、醤油、めんつゆを入れて混ぜ合わせる。

3 器に盛り、鰹節をのせる。

れんこんのきんぴら

（材料｜2人分）

れんこん … 7〜8cm程度（150g）
ごま油 … 小さじ2
鷹の爪（輪切り）… 4切れ〜
A｜醤油 … 大さじ1
　｜酒 … 大さじ1
　｜みりん … 大さじ1
　｜砂糖 … 小さじ1
白いりごま … 小さじ1

（作り方）

1　れんこんは3mm幅のいちょう切りにして
　水にさらし、水気を切る。

2　フライパンにごま油、鷹の爪を入れて弱火
　にかける。香りがたってきたら、1を入れ
　て炒める。

3　れんこんに油が回ってきたらAを加えて
　混ぜ、蓋をして弱火で4〜5分蒸し煮にす
　る。

4　蓋を開け、汁気がなくなる直前まで炒めて
　火を止め、いりごまを振る。

豚汁

（材料｜2人分）

豚バラ薄切り肉 … 80g
大根 … 2cm程度（60g）
ごぼう … 5〜6cm（30g）
長ねぎ … 10cm
水 … 400mℓ
和風だし（顆粒）… 小さじ⅔
味噌 … 大さじ1と½
ごま油 … 少々

（作り方）

1　豚肉は一口大に切る。大根は5mm幅のいち
　ょう切り、ごぼうは斜め薄切り、長ねぎは
　小口切りにする。

2　鍋に水、大根、ごぼうを入れて火にかける。
　大根がしんなりしてきたら豚肉、長ねぎ、
　和風だしを加え、アクを取りながら煮る。

3　豚肉に火が通ったら火を止めて味噌を溶き
　入れ、ごま油を回し入れる。

Thursday 木曜日
「豚キムチ炒め」
の献立

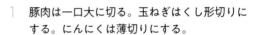

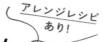
アレンジレシピ
あり!

豚キムチ炒め

材料│2人分

豚バラ薄切り肉 … 150g
玉ねぎ … ½個（100g）
にんにく … 1かけ
ごま油 … 小さじ1
塩 … ひとつまみ
こしょう … 少々
白菜キムチ … 160g
醤油 … 小さじ1〜
鶏ガラスープの素（顆粒）
　… 小さじ1

このレシピは多めに作って、他の料理にアレンジできます（P.122参照）。

作り方

1　豚肉は一口大に切る。玉ねぎはくし形切りにする。にんにくは薄切りにする。

2　フライパンにごま油を熱し、豚肉、にんにくを炒める。肉の色が変わってきたら玉ねぎ、塩、こしょうを加えて炒め、蓋をして弱火で4〜5分蒸し焼きにする。

3　キムチ、醤油、鶏ガラスープの素を加えて混ぜ合わせる。

MEMO

キムチの発酵菌は熱に弱いので、最後に加えてなるべく短時間で仕上げて。キムチの塩分量によって醤油の量は調整してください。

大根の鰹醤油サラダ

材料│2人分

大根 … 6〜7cm（160g）
A│鰹節 … 1パック（1.5g）
　醤油 … 大さじ1
　砂糖 … 小さじ2
　酢 … 小さじ2
　ごま油 … 小さじ2

作り方

1　大根は千切りにする。

2　器に盛り、混ぜ合わせたAを回しかける。

MEMO

大根は繊維に沿って千切りにすることでシャキシャキ感が保てます。Aをかけると水気が出やすいので食べる直前にかけるのがおすすめ。鰹節はお好みで最後に追加で振っても。

アボカド納豆

（材料｜2人分）

アボカド … ½個
納豆 … 2パック
醤油麹（醤油でも可）
　… 小さじ1～

（作り方）

1　アボカドは1～2cm角に切る。

2　納豆は付属のたれを入れて混ぜ、器に盛り、
　　1を添える。

3　醤油麹を回しかける。

MEMO

醤油麹は発酵菌もたっぷりで腸活におすすめ。甘みやコクがあり、調味料を多く使わなくても味に深みが出せます。

しいたけと
とろろ昆布のスープ

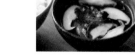

（材料｜2人分）

しいたけ（そぎ切り）… 2個
水 … 350㎖
鶏ガラスープの素（顆粒）
　… 小さじ1
とろろ昆布 … ふたつまみ
醤油 … 小さじ2

（作り方）

1　鍋にしいたけ、水を入れて火にかける。

2　沸騰したら鶏ガラスープ、とろろ昆布を入れて混ぜ、醤油で味を調える。

金曜日

「茹で鶏の
油淋鶏ソース」
の献立

茹で鶏の 油淋鶏ソース

アレンジレシピ あり！

材料 | 2人分

鶏もも肉 … 大1枚（350g）
A | 酒 … 大さじ1
　 | 砂糖 … 小さじ½
　 | 塩 … ひとつまみ
B | 長ねぎ（みじん切り）
　 | 　… ½本
　 | 醤油 … 大さじ1と½
　 | 砂糖 … 大さじ1
　 | 酢 … 大さじ1
　 | ごま油 … 小さじ2
　 | しょうが（チューブ
　 | 　またはすりおろし）
　 | 　… 小さじ⅔
　 | にんにく（チューブ
　 | 　またはすりおろし）
　 | 　… 小さじ½

> このレシピは茹で鶏（茹で汁も残す）を多めに作って、他の料理にアレンジできます（P.123参照）。

作り方

1　鍋（直径18cm）に鶏肉、鶏肉がかぶる程度の水（分量外）、Aを入れ、火にかける。沸騰したらアクを取って弱火にし、2分程度茹でる。

2　蓋をして火を止め、そのまま冷めるまで20分以上放置する。

3　Bを混ぜ合わせる。

4　2の鶏肉が冷めたら取り出し、食べやすい大きさに切る。
　　※茹で汁は「鶏だしの味噌汁」用に取っておく。

5　器に盛り、3をかける。

MEMO

茹でる調理方法は酸化が少ないのでお腹にやさしく、ローカロリー。がっつり食べたいときは、鶏肉に塩、こしょうを少々振って片栗粉をまぶし、少なめの油で揚げ焼きにしてBをかけると通常の油淋鶏になります。

れんこんのマヨサラダ

材料 | 2人分

れんこん … 6〜7cm（130g）
A | マヨネーズ … 大さじ1と½
　 | 白すりごま … 大さじ1
　 | 醤油 … 小さじ1と½
　 | 砂糖 … 小さじ⅔
パセリ（乾燥）… 適宜

作り方

1　れんこんは5mm幅のいちょう切りにして水にさらし、水気を切る。

2　耐熱容器に入れ、ラップをして電子レンジで2分加熱する。

3　Aを加えて混ぜ合わせ、パセリを振る。

ごぼうの甘酢炒め

（材料｜2人分）

ごぼう … ⅔本（100g）
片栗粉 … 大さじ1〜2
A｜醤油 … 小さじ2
　　みりん … 小さじ2
　　酢 … 小さじ2
　　砂糖 … 小さじ1
油 … 小さじ2〜
白いりごま … 少々

（作り方）

1　ごぼうは5cm長さ、縦4等分に切って5〜10分水にさらし、水気をよく切る。ボウルに入れて片栗粉を薄くまぶす。Aは混ぜ合わせておく。

2　フライパンに油を熱し、ごぼうを入れて焼き色がつくまで炒める。

3　火を弱め、Aを加えて絡めながら、汁気がなくなり照りが出るまで炒め煮にする。

4　火を止めていりごまを振る。

MEMO
2で油がなくなりくっつく感じがあれば、少量の油を足してください。

鶏だしの味噌汁

（材料｜2人分）

大根 … 3cm程度（80g）
ほうれん草（茹でたもの）… 2株
鶏の茹で汁（「茹で鶏の油淋鶏ソース」のもの）… 350㎖
鶏ガラスープの素（顆粒）… 小さじ1
味噌 … 大さじ1と½

（作り方）

1　大根は短冊切りにする。ほうれん草は3cm幅に切る。

2　鍋に鶏の茹で汁、大根を入れて火にかける。

3　大根がやわらかくなったら、ほうれん草、鶏ガラスープの素を入れてひと煮立ちさせる。

4　火を止めて味噌を溶き入れる。

MEMO
冷凍のほうれん草を使う場合は解凍しなくてOK。

野菜1つで! 副菜レシピ

キャベツのにんにくごま和え

（材料｜2人分）

キャベツ … 2枚程度（100g）

A｜白すりごま … 大さじ1
　｜ごま油 … 小さじ1
　｜醤油 … 小さじ⅔
　｜にんにく（チューブまたは
　｜　すりおろし）… 小さじ½
　｜塩 … ふたつまみ

（作り方）

1 キャベツはざく切りにして耐熱容器に入れラップをし、電子レンジで1分加熱する。

2 ボウルにAを混ぜ合わせ、1を加えて和える。

れんこんの塩きんぴら

（材料｜2人分）

れんこん
　… 7～8cm（150g）
ごま油 … 小さじ2
鷹の爪（輪切り）
　… 5～6切れ（好みで）
酒 … 小さじ2
塩 … 小さじ¼
粗挽き黒こしょう … 少々

（作り方）

1 れんこんは5mm幅のいちょう切りにして水にさらし、水気をよく切る。

2 フライパンにごま油、鷹の爪を入れて弱火で熱し、香りがたってきたら1を加えて2～3分炒める。

3 酒を加えて炒め、汁気がなくなってきたら塩、こしょうを加え、混ぜ合わせる。

ピーマンの煮浸し

（材料｜2人分）

ピーマン … 2個（90g）

A｜水 … 大さじ2
　｜醤油 … 大さじ½
　｜みりん … 大さじ½
　｜和風だし（顆粒）
　｜　… 小さじ½
油 … 小さじ1
鰹節 … 適量

（作り方）

1 ピーマンは乱切りにする。Aは混ぜ合わせておく。

2 フライパンに油を熱し、ピーマンを炒める。

3 焼き色がついたらAを加え、弱火にしてピーマンがしんなりするまで3分程度煮る。

4 器に盛り、鰹節を乗せる。

家に食材があまりないときでも、大丈夫!
野菜1種類だけで、簡単に美味しい副菜が作れます。
少しだけ野菜が余ってしまったときにも、ぜひお試しください。

キャロットラペ

(材料|2人分)

にんじん … ½本（100g）
A | 酢 … 大さじ1
  | オリーブオイル … 小さじ2
  | 砂糖 … 小さじ½
  | 塩 … ふたつまみ〜
  | こしょう … 少々

(作り方)

1 にんじんは千切りにする。

2 ボウルにAを混ぜ合わせ、1を加えて和える。

玉ねぎのごまドレサラダ

(材料|2人分)

玉ねぎ … ½個
A | 醤油 … 大さじ1
  | 砂糖 … 小さじ2
  | 酢 … 小さじ2
  | 白すりごま … 小さじ2
  | ごま油 … 小さじ2
鰹節 … 1パック（1.5g）

(作り方)

1 玉ねぎは薄切りにして水にさらし、水気をよく切る。Aは混ぜ合わせておく。

2 玉ねぎを器に盛り、Aを回しかけ、鰹節をのせる。

(MEMO)

新玉ねぎで作るのがおすすめ。玉ねぎの辛味が気になるときは、水300mℓに酢小さじ1を入れてさらすと◎。

きゅうりのやみつき漬け

(材料|2人分)

きゅうり … 1本
A | 醤油 … 大さじ1
  | 酢 … 小さじ2
  | 砂糖 … 小さじ1と½
  | にんにく（チューブ
  | またはすりおろし）
  | … 小さじ½
  | 白いりごま … 小さじ1

(作り方)

1 きゅうりは拍子木切りにしてポリ袋に入れ、袋の上から手で軽く叩く。

2 Aを加え、もみ込む。

(MEMO)

叩くことで味が染みやすく、時短になります。

\\ **ボリュームたっぷり＆食べごたえあり！** //

家族みんなが
大好きな献立

お子さんから大人まで、家族みんなが大好きなメニューです。
しっかり味でボリュームもあるので、「今週はがっつり食べて
がんばりたい」というときに作ってみてください。

今週のお買い物リスト

- ☐ 合いびき肉 … 150g
- ☐ 豚ひき肉 … 250g
- ☐ 鶏もも肉 … 1枚（300g）
- ☐ たら … 2切れ
- ☐ オクラ … 1袋（12本）
- ☐ じゃがいも … 2個（300g）
- ☐ 玉ねぎ … 2個
- ☐ トマト … 小2個
- ☐ 長いも … 15cm（230g）
- ☐ 長ねぎ … 1本
- ☐ なす … 小〜中2本
- ☐ にんじん … 1本
- ☐ 小ねぎ … 適量
- ☐ 白菜 … ¼カット小1個（300g）
- ☐ ピーマン … 3個
- ☐ レタス … 小1個（300g）
- ☐ にんにく（チューブでも可）… 3かけ
- ☐ しょうが（チューブでも可）… 5かけ
- ☐ しいたけ … 3個
- ☐ 卵 … 5個
- ☐ 絹豆腐 … 2丁（600g）
- ☐ ツナ缶（油漬け）… 2缶（140g）
- ☐ 青のり … 適量
- ☐ 餃子の皮 … 1袋（25〜30枚入り）
- ☐ 海苔 … 適量
- ☐ わかめ（乾燥）… 適量

今週の使用調味料

塩・こしょう・砂糖・醤油・みりん・酒・酢・味噌・めんつゆ（3倍濃縮）・
ポン酢（お好みで）・マヨネーズ・ケチャップ・ウスターソース・カレー粉・
豆板醤・甜麺醤・豆鼓醤（甜麺醤でも可）・七味唐辛子（お好みで）・
ラー油（お好みで）・和風だし（顆粒）・鶏ガラスープの素（顆粒）・コンソメ（顆粒）・
白いりごま・白すりごま・ごま油・片栗粉・小麦粉・パン粉

食材の
保存方法

肉

合いびき肉はラップに包み保存袋に入れ冷凍。

豚ひき肉は月曜日使用分以外を保存。金曜日の100gをラップに包み保存袋に入れ冷凍。

鶏もも肉はラップに包み保存袋に入れ冷凍。

魚

たらは1切れずつラップに包み保存袋に入れ冷凍。

きのこ

しいたけはキッチンペーパーで包み保存袋に入れ、野菜室で冷蔵すると長持ちする。

※水曜日までに使用するので冷蔵でOK。みじん切りにするので冷凍しない方が◯。

野菜

オマケ

オクラが余りそうなときは、かために茹でて水をしっかり切り、保存袋に広げて入れて冷凍可能。汁物には凍ったまま、和え物には解凍して使用する。

オマケ

白菜やなすが余りそうなときは、カットして保存袋に入れて冷凍可能。汁物や煮物などに凍ったまま使用する。

※冷凍した食材は、特に記載のない場合は解凍して使用してください（P.5参照）。　57

焼き餃子

「水餃子のスープ」用の餃子を含む

材料｜2人分

[餃子]
白菜
　…¼カット1～2枚（100g）
片栗粉 … 大さじ1
長ねぎの青い部分
　… 10cm（30g）

A｜豚ひき肉 … 150g
　｜醤油 … 大さじ1
　｜酒 … 小さじ2
　｜にんにく（チューブまたは
　｜　すりおろし）… 小さじ1
　｜しょうが（チューブまたは
　｜　すりおろし）… 小さじ1
　｜塩 … ひとつまみ
　｜こしょう … 少々

餃子の皮 … 25～30枚

油 … 小さじ1
水 … 50㎖
ごま油 … 少々

作り方

1　白菜はみじん切りにし、片栗粉をまぶしておく。長ねぎはみじん切りにする。

2　ボウルにAを入れ、粘りが出るまでしっかり混ぜ合わせる。1を加え、さらに混ぜ合わせる。

3　2を適量ずつ餃子の皮で包む。

　※10～12個は「水餃子のスープ」用に取っておく。

4　フライパンに油を熱し、餃子を並べて1分程度焼く。水を加え、蓋をして弱火で5分程度蒸し焼きにする。

5　蓋を開け、中火にして水分を飛ばし、最後に鍋肌からごま油を加えて焼き色をつける。

MEMO

白菜を片栗粉でコーティングすることでタネを混ぜている間に水が出ず、ジューシーな餃子に。お好みでポン酢やラー油でどうぞ。

水餃子のスープ

餃子は「焼き餃子」で作ったものを使用

材料｜2人分

しょうが … 1かけ
長ねぎ … 5cm
水 … 500㎖
鶏ガラスープの素（顆粒）
　… 大さじ1
包んだ餃子（「焼き餃子」で
　作ったもの）… 10～12個
塩、こしょう … 各少々

作り方

1　しょうがは千切りにする。長ねぎは小口切りにする。

2　鍋に水と鶏ガラスープの素を入れて火にかけ、沸騰したら包んだ餃子、しょうがを入れて茹でる。

3　餃子が浮いてきたら長ねぎを加え、塩、こしょうで味を調える。

なすのステーキ

(材料|2人分)

なす … 1本（150g）
A | 醤油 … 小さじ2
  | みりん … 小さじ2
  | 酒 … 小さじ2
  | 砂糖 … 小さじ⅔
油 … 小さじ2
白いりごま … 適量
七味唐辛子 … 好みで

(作り方)

1 なすは1cm幅の輪切りにする。Aは混ぜ合わせておく。

2 フライパンに油を熱し、なすを焼く。焼き色がついたら返して反対側にも焼き色をつける。

3 火を弱めてAを回しかけ、なすに絡めながら汁気がなくなるまで煮詰める。

4 器に盛り、いりごま、七味唐辛子を振る。

(M E M O)
なすは切ったらすぐに焼けば変色しにくく、アク抜きなしでもOK。切ってからしばらくおく場合は水にさらして。

トマトとオクラの
めんつゆ和え

(材料|2人分)

トマト … 小1個（80g）
オクラ … 4本
長いも … 5cm程度（80g）
めんつゆ（3倍濃縮）
　　… 大さじ1〜

(作り方)

1 トマトは2cmの角切りにする。オクラは小口切りにする。長いもは1cmの角切りにする。

2 ボウルに材料を全て入れ、軽く混ぜ合わせる。

Tuesday
火曜日
「たらの甘酢あんかけ」
の献立

たらの甘酢あんかけ

(材料 | 2人分)

たら … 2切れ
塩、こしょう … 各少々
片栗粉 … 大さじ1～2
玉ねぎ … ½個（100g）
にんじん … ⅓本（60g）
しいたけ … 2個
A | 水 … 大さじ3
　 | 醤油 … 大さじ2
　 | 砂糖 … 大さじ1と½
　 | みりん … 大さじ1
　 | 酢 … 大さじ1
　 | 片栗粉 … 小さじ1
油 … 適量
小ねぎ（長ねぎでも可／小口切り）
　 … 適量

(作り方)

1 たらは一口大に切って塩少々（分量外）を振り、5分程度おいて水分をキッチンペーパーで拭き取る。両面に塩、こしょうを振り、片栗粉をまぶす。玉ねぎは薄切りに、にんじんは千切りに、しいたけはそぎ切りにする。Aは混ぜ合わせておく。

2 フライパンに油少々を熱し、玉ねぎ、にんじんを炒める。玉ねぎがしんなりしてきたらしいたけも加え、さらに炒める。

3 Aを加え、混ぜながらとろみがついて軽く沸騰するまで炒める。

4 別のフライパンに油大さじ1を熱し、たらを焼く。焼き色がついたら返し、蓋をして弱火で5～6分蒸し焼きにする。

5 両面に焼き色がついたら器に盛り、3のあんをかけ、小ねぎを振る。

オクラの白和え

(材料 | 2人分)

オクラ … 8本
A | 絹豆腐 … ½丁（150g）
　 | 白すりごま … 大さじ1
　 | 醤油 … 小さじ2
　 | 砂糖 … 小さじ1
　 | 塩 … 少々

(作り方)

1 オクラは茹でて冷水に取り、水気を切って斜め切りにする。Aの豆腐はしっかり水切りする。

2 ボウルにAを入れて豆腐を崩しながら混ぜ合わせる。オクラを加えて和える。

(MEMO)
豆腐の水切りはレンジを使うと時短に。豆腐をキッチンペーパーで包み、耐熱皿に置いて2分程度加熱し、キッチンペーパーを替えて5分程度おきます。

白菜の和風ポテトサラダ

金曜日の作り置き分を含む

材料｜2人×2日分

白菜 … ¼カット1～2枚（150g）
塩 … ふたつまみ
玉ねぎ … ¼個（50g）
じゃがいも … 2個（300g）
A｜砂糖 … 小さじ1
　｜酢 … 小さじ1
B｜マヨネーズ … 大さじ5
　｜和風だし（顆粒）… 小さじ⅔
　｜醤油 … 小さじ½
　｜塩 … ひとつまみ

作り方

1 白菜は細切りにし、塩をまぶして10分程度おき、出てきた水分をよく絞る。玉ねぎは薄切りにし、水にさらして水気を切る。

2 じゃがいもは小さめの乱切りにして耐熱容器に入れ、ラップをして電子レンジで6分加熱する。

3 じゃがいもを潰し、熱いうちにAを混ぜる。Bを加えて混ぜ合わせ、1を加えて和える。

にんじんと白菜のごま味噌汁

材料｜2人分

にんじん … ⅓本（60g）
白菜 … ¼カット1枚（50g）
水 … 350mℓ
和風だし（顆粒）… 小さじ½
味噌 … 大さじ1と½
白すりごま … 小さじ2
ごま油 … 小さじ½

作り方

1 にんじん、白菜は細切りにする。

2 鍋に水、にんじんを入れて火にかける。にんじんに火が通ったら白菜、和風だしを加えてひと煮立ちさせる。

3 火を止めて味噌を溶き入れ、すりごま、ごま油を加える。

水曜日

「キーマカレー」
の献立

キーマカレー

アレンジレシピ
あり！

（材料｜2人分）

玉ねぎ … ½個（120g）
にんじん … ⅓本（60g）
ピーマン … 1個（40g）
しいたけ … 1個
にんにく … 1かけ
しょうが … 1かけ
油 … 小さじ2
塩 … 少々
合いびき肉 … 150g
カレー粉 … 小さじ2
A｜水 … 150mℓ
　ケチャップ … 大さじ1と½
　ウスターソース … 小さじ2
　コンソメ（顆粒）… 小さじ2
　塩、こしょう … 各少々
ご飯 … 茶碗2杯分
卵黄 … 2個
※卵白は「卵白のかき玉スープ」に使用

（作り方）

1　野菜としいたけは全てみじん切りにする。

2　フライパンに油を熱し、にんにく、しょうが
　を入れて弱火で炒める。香りがたってきたら
　玉ねぎ、塩を加えて弱中火で炒める。

3　玉ねぎがしんなりしてきたらひき肉を入れて
　炒める。肉の色が変わってきたらカレー粉を
　入れて混ぜ、にんじん、ピーマン、しいたけ
　も加えて炒める。

4　Aを加えて軽く混ぜ合わせ、蓋をして弱火で
　6～7分煮込む。

5　蓋を開けて汁気がなくなる直前まで煮詰める。

6　器にご飯と5を盛り、卵黄をのせる。

（MEMO）
にんにく、しょうがはチューブでも。その場合は
Aと一緒に加えてください。

このレシピはカレーを多め
に作って、他の料理にアレン
ジできます（P.124参照）。

レタスとツナのサラダ

（材料｜2人分）

レタス … 3〜4枚（150g）
ツナ缶（油漬け）… 1缶
鶏ガラスープの素（顆粒）
　　… 小さじ1
海苔 … 適量

（作り方）

1　レタスは手でちぎる。ツナは油を切っておく。

2　ボウルに1、鶏ガラスープの素を入れて混ぜる。海苔をちぎりながら加え、さっくり和える。

（MEMO）
水煮のツナ缶を使用する場合はごま油を少々足しても◎。

卵白のかき玉スープ

（材料｜2人分）

玉ねぎ … ⅛個
水 … 400㎖
A｜鶏ガラスープの素（顆粒）
　　　… 小さじ2
　　醤油 … 小さじ1
　　わかめ（乾燥）… ひとつまみ
片栗粉 … 小さじ1
卵白（「キーマカレー」の残り）
　　… 2個分

（作り方）

1　玉ねぎは薄切りにする。

2　鍋に水、1を入れて火にかける。玉ねぎがしんなりしたら、Aを加える。

3　わかめが開いたら同量の水（分量外）で溶いた片栗粉を加えて混ぜる。

4　溶きほぐした卵白を加えてふわっと混ぜ合わせ、かたまったら火を止める。

チキンカツとじ煮

(材料 | 2人分)

鶏もも肉 … 1枚（300g）
玉ねぎ … ½個（100g）

[バター液]
A 溶き卵 … ½個分
   水 … 大さじ1
   小麦粉 … 大さじ1

塩、こしょう … 各少々
パン粉 … 適量
油 … 適量
B 水 … 100mℓ
   みりん … 大さじ4
   醤油 … 大さじ3
   砂糖 … 小さじ1
   和風だし（顆粒）… 小さじ1
溶き卵 … 2と½個分
  （½個はバター液の残り）
小ねぎ（長ねぎでも可／小口切り）
  … 適量

(作り方)

1 鶏肉は食べやすい大きさに切る。玉ねぎは薄切りにする。Aを混ぜ合わせてバター液を作る。

2 鶏肉に塩、こしょうをまぶし、バター液、パン粉の順につける。

3 鍋に底から1〜2cm程度の油を入れて熱し、2を3〜4分揚げ焼きにする。焼き色がついたら返し、少し火を弱めて4〜5分揚げ焼きにする。火が通ったら取り出し、油を切る。

4 フライパンにB、玉ねぎを入れて火にかける。沸騰してきたら3を入れ、溶き卵を全体に回しかける。

5 弱火にして蓋をし、1分程度火にかける。卵が半熟になったら火を止め、小ねぎを振る。

(MEMO)

1人分ずつ作る場合は、4でB、玉ねぎ、チキンカツ、溶き卵を半量ずつ入れてください。

冷やしトマトやっこ

(材料 | 2人分)

A トマト … 小½個（50g）
   玉ねぎ … ⅛個（30g）
   めんつゆ（3倍濃縮）… 小さじ2
   白すりごま … 小さじ1
   ごま油 … 小さじ1
絹豆腐 … ½丁（150g）

(作り方)

1 Aの玉ねぎは粗みじん切りにし、水にさらして水気を切る。トマトは角切りにする。

2 ボウルにAを入れ、混ぜ合わせる。

3 豆腐を半分に切って器に盛り、2をかける。

長いもの照り焼き

（材料｜2人分）

長いも … 10cm（150g）
A｜醤油 … 大さじ1
　｜みりん … 大さじ1
　｜水 … 小さじ2
　｜砂糖 … 小さじ1
油 … 小さじ1
青のり … 適量

（作り方）

1　長いもは7mm幅の輪切りにする。Aは混ぜ合わせておく。

2　フライパンに油を熱し、長いもを入れる。焼き色がついたら返して反対側にも焼き色をつける。

3　火を弱めてAを加え、両面に絡めながら煮詰める。

4　器に盛り、青のりを振る。

なすとしょうがの味噌汁

（材料｜2人分）

なす … 小1本（100g）
しょうが … 1かけ
水 … 350ml
和風だし（顆粒）… 小さじ½
味噌 … 大さじ1と½

（作り方）

1　なすは1cm幅の輪切りにする。しょうがは千切りにする。

2　鍋に水、なすを入れ火にかける。沸騰してきたらしょうが、和風だしを加えてひと煮立ちさせる。

3　火を止めて味噌を溶き入れる。

Friday 金曜日
「麻婆豆腐」
の献立

麻婆豆腐

（材料｜2人分）

絹豆腐 … 1丁（300g）
長ねぎ … ½本
A｜にんにく … 1かけ
　｜しょうが … 1かけ
　｜甜麺醤 … 大さじ1
　｜豆鼓醤（甜麺醤でも可）
　｜　… 小さじ2
　｜豆板醤 … 小さじ1
油 … 小さじ1
豚ひき肉 … 100g
酒 … 大さじ2
B｜水 … 150㎖
　｜醤油 … 小さじ2
　｜砂糖 … 小さじ1
　｜鶏ガラスープの素（顆粒）
　｜　… 小さじ1
　｜塩、こしょう … 各少々
片栗粉 … 小さじ2

（作り方）

1　豆腐は2～3cm角に切る。長ねぎ、Aのにんにく、しょうがはみじん切りにする。

2　フライパンに油を弱火で熱し、Aを入れる。香りがたってきたらひき肉を入れて中火で炒める。

3　肉の色が変わってきたら酒を入れてひと混ぜし、長ねぎを加えて軽く炒める。

4　Bを加えて混ぜ合わせ、豆腐を入れ、蓋をして弱火で6～7分煮る。

5　水大さじ1（分量外）で溶いた片栗粉を加えて混ぜ合わせ、とろみをつける。

（MEMO）
にんにく、しょうがはチューブでも可。その場合はBと一緒に入れます。最後に片栗粉を加えるときは、豆腐の隙間で煮汁にしっかり溶いてから全体を混ぜると豆腐が崩れにくいです。

火曜日の作り置き（P.65）

白菜の和風ポテトサラダ

（MEMO）
お好みで木曜日の「冷やしトマトやっこ」の残りのトマト½個を添えてください。

ピーマンの
ツナマヨ和え

(材料│2人分)

ピーマン … 2個（80g）
A│ツナ缶（油漬け）… 1缶
　│マヨネーズ … 大さじ2
　│醤油 … 小さじ1
　│塩 … 少々

(作り方)

1　ピーマンは細切りにする。Aのツナ缶は油を切っておく。

2　耐熱容器にピーマンを入れ、ラップをして電子レンジで2分加熱する。

3　Aを加え、混ぜ合わせる。

レタスとわかめの
中華スープ

(材料│2人分)

レタス … 3〜4枚
水 … 350mℓ
わかめ（乾燥）… ひとつまみ
A│鶏ガラスープの素（顆粒）
　│　… 小さじ2
　│醤油 … 小さじ½
　│塩、こしょう … 各少々
白いりごま … 適量

(作り方)

1　レタスは手でちぎる。

2　鍋に水を入れ、沸騰したら1、わかめを加える。

3　レタスがしんなりしたらAを加えて混ぜ、いりごまを振る。

┌ MEMO ┐

レタスは火にかけるとカサが減ってたっぷり食べられるので、余りそうなときや大量消費したいときにはスープがおすすめ。

おすすめの **愛用キッチングッズ**

A **パック＆レンジ グリーン**
（上から200mℓ、500mℓ、1.2L）／iwaki

ガラス製の保存容器はにおい移りや色移りが気になら
ず、中が見えやすいのでおすすめ。500mℓの長方形の
ものは冷蔵庫に収まりがよく、作り置きにぴったり。

B **share with Kurihara harumi
丸まな板（大）**
ネイビー／ゆとりの空間

回しながら複数の食材を切ることができる、丸い形の
まな板。まな板から鍋に食材を入れるときも、バラバ
ラとこぼれにくく使いやすいです。

C **NAKED　マルチワイヤースプーン**
／ののじ

味噌を計量しながら簡単にすくうことができる味噌マ
ドラー。ワイヤー製のスプーンになっているので、そ
のまま鍋の中で混ぜるだけで手早く味噌を溶かせます。

D **（左）シリコーンミニスプーン**
約幅2.5×長さ11cm

（中央）シリコーン調理スプーン
〈スモール〉長さ約25cm

（右）シリコーン調理スプーン
長さ約26cm／すべて無印良品

3種類揃えて毎日の料理に使っています。
丈夫で、何年も使っていますが劣化しま
せん。ミニスプーンは副菜や調味料を混
ぜるのにぴったり。

E **おおさじこさじ 白磁**
／口口

大さじで量りたいときも小さじで量りた
いときも、これ1つでOKな計量スプーン。
コンパクトサイズなので、砂糖や塩など
のジャーに入れて使っています。

毎日使うキッチングッズは、使いやすいものを選ぶことで
かかる時間や調理の際のストレスを大きく減らすことができます。
長年愛用しているおすすめグッズをご紹介します!

F KIPROSTAR 業務用アルミフライパン
(表面フッ素樹脂コーティング加工) 25cm／安吉

熱伝導がよく、使い勝手のいいフライパン。フライパンは長く使うと焦げ付きやすくなりますが、こちらは価格も安く、気軽に買い替えられます。

G 柳宗理 ステンレストング (穴あき)
／佐藤商事

しっかりした作りで手によくなじみ、肉や魚も、小さいものや薄いものも、どのようなものもつかみやすいトング。パスタトングとしても使っています。

H シリコン鍋つかみ モノトーン
／Seria

レンジからお皿を取り出すときなど、ミトンを使うまででもないけれど、ちょっと熱いときに便利です。シリコン製でさっと洗えるのもうれしいポイント。

I 柳宗理 ステンレス片手鍋
18cm (つや消し)／佐藤商事

両口形状の形が特徴の片手鍋。蓋を少しずらして蒸気を逃したり、水切りをするときもやりやすく、お玉を置いても転がらないなど、使い勝手のよさが◎。

J 柳宗理 ステンレスボール
(16、19、23cm)／佐藤商事

シンプルな形状なのに角度などがちょうどよく、一度使うと手放せない絶妙な使用感のボウル。2〜4人家族なら、この3サイズがあればOKです。

4週目

\\ いつもと少し雰囲気を変えて //

洋食多めの
バラエティ献立

普段とひと味違うメニューを意識して、バリエーション豊かな
献立を立てました。いつもの味に飽きたら、ぜひお試しを。
あったかメニューが多いので寒い季節や冷え込んだ週にも。

今週のお買い物リスト

□ 合いびき肉 … 550g
□ 鶏もも肉 … 大1枚（330g）
□ ベーコン（薄切り）… 4枚（80g）
□ むきえび（冷凍）
　　… 20尾程度（150g）
□ ぶり … 2切れ
□ キャベツ … ½個（550g）
□ じゃがいも … 小～中4個
□ 大根 … ⅓本
□ 玉ねぎ … 2個
□ 長ねぎ … 1本
□ 小ねぎ … 適量

□ ブロッコリー … 小2株
□ にんにく（チューブでも可）… 2かけ
□ しめじ … 1袋
□ 卵 … 5個
□ 温泉卵 … 2個
□ 牛乳 … 大さじ3
□ ピザ用チーズ … ひとつかみ（20g）
□ バター … 25g
□ 絹豆腐 … 1丁（300g）
□ カットトマト缶 … 1缶（½缶使用）
□ コーン缶 … 1缶
□ 鰹節 … 2パック（3g）

今週の使用調味料

塩・こしょう・砂糖・醤油・みりん・酒・酢・味噌・めんつゆ（3倍濃縮）・
ポン酢・マヨネーズ・ケチャップ・ウスターソース・赤ワイン（酒でも可）・
ラー油（お好みで）・ナツメグ（あれば）・和風だし（顆粒）・コンソメ（顆粒）・
鶏ガラスープの素（顆粒）・白いりごま・ごま油・片栗粉・パン粉

食材の
保存方法

肉

合いびき肉は月曜日にハン
バーグのタネを作って5等
分し、木曜日に使う1個分、
金曜日に使う2個分はラッ
プに包み保存袋に入れ冷凍。

鶏もも肉はラップに包み保
存袋に入れて冷凍。

魚

ぶりは1切れずつラップに包み
保存袋に入れて冷凍。

野菜

ブロッコリーは月曜日に一口大に
(茎の部分は角切りに) 切ってまと
めて茹で、水気をしっかり切り、使
用分以外を保存袋に広げるように入
れて冷凍。

きのこ

しめじは月曜日に全量小房に分け、
使用分以外を保存袋へ広げるように
入れて冷凍。凍ったまま使用する。

その他

オマケ

コーン缶が余りそうな
ときは、保存袋に広げ
て入れて冷凍可能。凍
ったまま汁物、炒め物、
サラダなどに使用する。

オマケ

トマト缶が余ったときは、保存
容器に入れ冷凍可能。

※冷凍した食材は、特に記載のない場合は解凍して使用してください (P.5参照)。　81

Monday 月曜日
「ハンバーグ」
の献立

ハンバーグ

木曜日の「大根と肉だんごのスープ」、金曜日の「ミート
ボールのトマト煮込み」のタネの作り置き分を含む

材料｜2人分

[タネ]
玉ねぎ … 1個（200g）
合いびき肉 … 550g
A ┃ 卵 … 2個
　┃ パン粉 … 大さじ6
　┃ 牛乳 … 大さじ3
　┃ 塩 … 小さじ½
　┃ こしょう … 少々
　┃ ナツメグ … 適宜

油 … 少々

[ソース]
B ┃ ケチャップ … 大さじ3
　┃ ウスターソース … 大さじ2
　┃ 醤油 … 大さじ1
　┃ 酒 … 大さじ1
　┃ 砂糖 … 小さじ1

作り方

1　玉ねぎはみじん切りにする。耐熱容器に入れ、
　ふんわりとラップをしてレンジで3分加熱し、
　冷ます。

2　ボウルにひき肉、1、Aを入れ、粘りが出る
　までしっかり混ぜ合わせる。ざっくり5等分
　し、2個はそれぞれ楕円形に成形する。

　※残りは1個分と2個分に分けてそれぞれラップで
　　包み、保存袋に入れて冷凍保存しておく。

3　フライパンに油を熱し、2を焼く。焼き色が
　ついたら返し、蓋をして弱火で7～8分蒸し
　焼きにする。軽く押して、透明な肉汁が出た
　ら取り出し、器に盛る。

4　そのままのフライパンにBを入れて熱し、軽
　く沸騰させ3にかける。

MEMO

ハンバーグのタネはこねるときに温度が上がると脂
が溶け出してくるので、玉ねぎはしっかりと熱を取
ってから加えて。作り置き分は、冷凍する前に形（肉
だんごなど）を作っておいても◎。

ブロッコリーの
おかか醤油和え

火曜日の作り置き分を含む

（材料｜2人×2日分）

ブロッコリー… 小1株
A｜鰹節
　　… 2パック（3g）
　　醤油 … 小さじ2～
　　砂糖 … ふたつまみ

（作り方）

1　ブロッコリーは小さめの一口大に（茎の部分は角切りに）切って2～3分茹で、水気をよく切る。

2　ボウルに1、Aを入れて混ぜ合わせる。味が薄い場合は醤油で調える。

［MEMO］
ブロッコリーは他の日の分もまとめて茹でて冷凍しておくと便利です（P.81参照）。

じゃがいもとコーンの
ペッパー炒め

（材料｜2人分）

じゃがいも
　　…1個（120g）
バター… 15g
コーン缶 … 大さじ3
塩 … ふたつまみ
こしょう … 少々

（作り方）

1　じゃがいもは2cmの角切りにして耐熱容器に入れラップをし、電子レンジで4分加熱する。

2　フライパンにバターを熱し、1とコーンを入れて炒める。

3　塩、こしょうを加え、味を調える。

キャベツの
コンソメスープ

（材料｜2人分）

キャベツ
　　… 2枚程度（100g）
しめじ … ¼袋
水 … 400㎖
コンソメ（顆粒）… 小さじ2
こしょう … 少々

（作り方）

1　キャベツはざく切りにする。しめじは小房に分ける。

2　鍋に水、1を入れ、蓋をして火にかける。

3　キャベツがしんなりしたらコンソメ、こしょうを加える。

鶏肉のねぎ塩炒め

(材料 | 2人分)

鶏もも肉 … 大1枚（330g）
A | 長ねぎ … ⅔本（80g）
  | ごま油 … 大さじ1
  | 鶏ガラスープの素（顆粒）
  | … 小さじ1と½
  | にんにく（チューブまたは
  | すりおろし）… 小さじ1
  | 塩 … ふたつまみ～
温泉卵 … 2個

(作り方)

1 鶏肉は一口大に切る。Aは長ねぎを粗みじん切りにし、混ぜ合わせておく。

2 フライパンを熱し、鶏肉を皮目から入れて炒める。全面に焼き色がついたら、蓋をして弱火で5～6分蒸し焼きにする。

3 Aを加え、混ぜ合わせながら炒める。

4 器に盛り、温泉卵をのせる。

(MEMO)

長ねぎに味をつけておき、最後に合わせるだけの簡単レシピ。鶏肉は小さめの一口大に切っておくと味がなじみやすいです。

温泉卵の作り方

鍋に卵がしっかりかぶる量の水を入れて火にかけ、沸騰したら火を止め、卵を静かに入れる。そのまま13～15分、蓋をせずに放置する。

月曜日の作り置き（P.85）

ブロッコリーの
おかか醤油和え

キャベツの
ごまつゆサラダ

水曜日の「ごまつゆやっこ」のごまつゆの作り置き分を含む

（材料｜2人分）

キャベツ … 2～3枚（150g）

［ごまつゆ］

A｜ めんつゆ（3倍濃縮）
　　　… 大さじ2
　　白いりごま … 小さじ4
　　醤油 … 小さじ2
　　ごま油 … 小さじ2

（作り方）

1　キャベツは千切りにする。Aは混ぜ合わせる。

　　※Aの半量は密閉容器に入れ、冷蔵保存しておく。

2　キャベツを器に盛り、Aを回しかける。

MEMO
ごまつゆは清潔な容器に入れて保存すれば1週間程度日持ちします。サラダや刺身、焼いた肉にかけるなどしても◎。

ベーコンと
しめじの味噌汁

（材料｜2人分）

玉ねぎ … ½個（100g）
ベーコン（薄切り）… 1枚（20g）
水 … 400mℓ
しめじ（小房に分ける）… ¼袋
和風だし（顆粒）… 小さじ½
味噌 … 大さじ1～

（作り方）

1　玉ねぎは薄切りにする。ベーコンは細切りにする。

2　鍋にベーコンを入れて熱し、軽く炒める。水、玉ねぎ、しめじを入れ、玉ねぎがしんなりしたら和風だしを加える。

3　火を止めて味噌を溶き入れる。

MEMO
ベーコンの塩分もあるので味噌の量は味を見ながら調整して。

ぶりの竜田揚げ
おろしポン酢がけ

（材料｜2人分）

ぶり … 2切れ
A｜大根 … ¼本
　｜ポン酢 … 大さじ3〜
塩、こしょう … 各少々
片栗粉 … 大さじ2〜
油 … 適量
小ねぎ（長ねぎでも可／小口切り）
　… 適量

（作り方）

1　ぶりは塩少々（分量外）を振り、5分程度おいて水分をキッチンペーパーで拭き取る。Aは大根をすりおろし、混ぜ合わせておく。

2　ぶりの両面に塩、こしょうをし、片栗粉をまぶす。

3　鍋に底から1cm程度の油を入れて熱し、2を3〜4分揚げ焼きにする。焼き色がついたら返して3〜4分揚げ焼きにし、反対側にも焼き色をつける。強中火にし、カリッとするまで1分程度両面を返しながら揚げ焼きにする。

4　火が通ったら油を切って器に盛り、Aをかけ、小ねぎを振る。

（ MEMO ）
大根の青い部分は辛味が少なくおろし向き。辛味があるときは、すりおろした後、1分半ほどレンジ加熱を。冬はレンジ加熱して温かいおろしをかけても。

ごまつゆやっこ

ごまつゆは火曜日（P.89）の作り置きを使用

（材料｜2人分）

絹豆腐 … ½丁（150g）
ごまつゆ（火曜日の作り置き）
　… 残りの全量

（作り方）

1　豆腐は半分に切って器に盛り、ごまつゆを回しかける。

（ MEMO ）
お好みでねぎやしょうがをのせても◎。寒い季節は豆腐を湯通しまたはレンジ加熱して、温やっこにしても美味しいです。

キャベツと卵の
中華炒め

(材料 | 2人分)

キャベツ
　… 2枚程度（100g）
溶き卵 … 2個分
鶏ガラスープの素（顆粒）
　… 小さじ1
ごま油 … 適量
塩 … ひとつまみ〜
こしょう … 少々

(作り方)

1　キャベツはざく切りにする。溶き卵に鶏ガラスープの素小さじ½を混ぜる。

2　フライパンにごま油少々を熱し、キャベツを入れて炒める。しんなりしたら鶏ガラスープの素小さじ½を加えて混ぜる。

3　キャベツを端に寄せ、隙間にごま油少々を追加し、溶き卵を流し入れて混ぜる。卵が半熟になったらキャベツと炒め合わせ、塩、こしょうを振る。

じゃがいもの
バター味噌汁

(材料 | 2人分)

じゃがいも … 1個（120g）
水 … 350㎖
和風だし（顆粒）… 小さじ½
コーン缶 … 大さじ2
味噌 … 大さじ1と½
バター… 10g

(作り方)

1　じゃがいもは7㎜幅のいちょう切りにする。

2　鍋に水、1を入れて火にかける。じゃがいもがやわらかくなったら、和風だし、コーンを加える。

3　火を止めて味噌を溶き入れ、バターを加える。

えびとブロッコリーの中華あんかけ

材料｜2人分

むきえび（冷凍）
　… 20尾程度（150g）
酒 … 大さじ1
ごま油 … 小さじ1
ブロッコリー（一口大に切って
　茹でたもの）… 小2/3株
A｜水 … 150ml
　　酒 … 大さじ1
　　鶏ガラスープの素（顆粒）
　　　… 小さじ2
　　塩 … ふたつまみ〜
　　こしょう … 少々
片栗粉 … 小さじ2
卵白 … 1個
※卵黄は「豆腐ユッケ」に使用

作り方

1　ボウルにえび、えびがかぶる量の湯を入れ2分程度浸し湯を切る。背わたを取り、酒をまぶす。

2　フライパンにごま油を熱し、えびを入れて2〜3分炒め、ブロッコリーも加えて軽く炒める。

3　Aを加えて混ぜ合わせ、ひと煮立ちしたら同量の水（分量外）で溶いた片栗粉を加えて混ぜる。

4　卵白を溶きほぐし、3に加えて混ぜる。卵白が軽くかたまり、とろみがついたら火を止める。

MEMO
えびは湯で解凍することで時短に。水分も逃げにくく、プリッと食感が保てます。生のブロッコリーを使う場合は一口大に切り、耐熱容器に入れてラップをし、3分レンジ加熱をして加えてください。

じゃがいもとベーコンのうま煮

材料｜2人分

じゃがいも … 小2個（200g）
ベーコン（薄切り）… 2枚（40g）
A｜水 … 100ml
　　醤油 … 大さじ1
　　みりん … 大さじ1
　　酒 … 大さじ1
　　和風だし（顆粒）… 小さじ1/2

作り方

1　じゃがいもは乱切りにする。ベーコンは細切りにする。

2　鍋にベーコンを入れて熱し、油が出てきたらじゃがいもを加えて炒める。

3　Aを加えて蓋をし、弱火で6〜7分煮る。

4　蓋を開けて汁気がなくなる直前まで煮詰める。

MEMO
ベーコンは厚切りで作っても◎。

豆腐ユッケ

(材料｜2人分)

絹豆腐 … ½丁（150g）
Ⓐ｜醤油 … 小さじ1
　　ごま油 … 小さじ1
　　にんにく（チューブまたは
　　　すりおろし）… 小さじ½
　　砂糖 … 小さじ⅓
　　塩 … 少々
　　ラー油 … 好みで
卵黄（「えびとブロッコリーの
　中華あんかけ」の残り）… 1個
小ねぎ（長ねぎでも可／小口切り）
　… 適量

(作り方)

1　豆腐は水切りする。Ⓐは混ぜ合わせておく。

2　豆腐を器に盛り、Ⓐをかけ、卵黄、小ねぎ
　をのせる。

大根と肉だんごのスープ

ハンバーグのタネは月曜日（P.84）の作り置きを使用

(材料｜2人分)

ハンバーグのタネ
　（月曜日の作り置き）
　　… 5等分のうち1個（180g）
大根 … 3～4cm
長ねぎ … 5cm
水 … 400mℓ
和風だし（顆粒）… 小さじ1と½
醤油 … 小さじ2～

(作り方)

1　ハンバーグのタネは解凍し、直径3cm程
　度のだんご状に丸める。大根はいちょう切
　りにし、長ねぎは小口切りにする。

2　鍋に水と大根を入れ、火にかける。沸騰し
　たら和風だしを加え、肉だんごをそっと入
　れて5分程度煮る。

3　肉だんごに火が通り浮いてきたら、長ねぎ
　を加え、醤油で味を調える。

┌ MEMO ┐
作り置きのタネは、使用する日の朝に冷蔵庫で解凍
して使用を。だんごは手を水で濡らしながら丸める
とくっつきにくくなります。

97

Friday　金曜日

「ミートボールの
トマト煮込み」
の献立

アレンジレシピ
あり!

ミートボールの
トマト煮込み

ハンバーグのタネは月曜日（P.84）の作り置きを使用

材料｜2人分

ハンバーグのタネ
（月曜日の作り置き）
　… 5等分のうち2個（360g）

A｜カットトマト缶 … ½缶
　｜砂糖 … 小さじ2
　｜コンソメ（顆粒）… 小さじ1
　｜醤油 … 小さじ1
　｜塩 … ひとつまみ
　｜こしょう … 少々

油 … 少々
赤ワイン（酒でも可）… 大さじ2
しめじ（小房に分ける）… ½袋
ピザ用チーズ
　… ひとつかみ（20g）
ブロッコリー（一口大に切って
　茹でたもの）… 小⅓株

作り方

1　ハンバーグのタネは解凍し、直径3cm程度のだんご状に丸める。Aは混ぜ合わせておく。

2　フライパンに油を熱し、肉だんごを並べて焼く。そっと返しながら全面に焼き色をつける。

3　赤ワインを加えてアルコールを飛ばしたらAを加え、上からしめじをのせ、蓋をして弱火で7～8分煮る。

4　ピザ用チーズを加えて溶かしながら混ぜ合わせ、ブロッコリーを加える。

MEMO

冷凍ブロッコリーを使用する場合は軽くレンジ加熱し、水気を切って加えると◎。生の場合は一口大に切り、しめじと同じタイミングで入れてください。

このレシピは多めに作って、他の料理にアレンジできます（P.125参照）。

コールスローサラダ

(材料 | 2人分)

キャベツ … 4枚（200g）
塩 … ふたつまみ
A | マヨネーズ … 大さじ2
　 | 砂糖 … 小さじ1
　 | 酢 … 小さじ1
　 | 塩 … 少々
コーン缶 … 大さじ2

(作り方)

1　キャベツは千切りにして塩を振り、10分程度おいて水気をしっかり絞る。

2　ボウルに1とAを入れて混ぜ合わせ、コーンを加える。

(MEMO)
コールスローは水分が出やすいので、1でしっかり水分を絞っておくのがポイント。最初に塩を入れているので、Aの塩は味を見ながら加えて。

玉ねぎと
ベーコンのスープ

(材料 | 2人分)

玉ねぎ … ½個（100g）
ベーコン（薄切り）
　 … 1枚（20g）
水 … 400㎖
A | 醤油 … 小さじ1
　 | コンソメ（顆粒）… 小さじ1
　 | こしょう … 少々
塩 … 少々〜

(作り方)

1　玉ねぎは薄切りにする。ベーコンは細切りにする。

2　鍋に水、1を入れて火にかける。

3　玉ねぎがしんなりしたら、Aを加え、塩で味を調える。

献立の立て方

<u>旬の食材メモ</u> 旬の食材は美味しく、栄養価も高く、価格も安いといいことだらけ。ぜひ積極的に取り入れてみてください。

春	夏	秋	冬
キャベツ、アスパラガス、新玉ねぎ、たけのこ、えんどう豆など	トマト、きゅうり、なす、ゴーヤ、大葉、レタス、ピーマン、かぼちゃなど	玉ねぎ、にんじん、ごぼう、きのこ類、さつまいも、さといもなど	大根、白菜、かぶ、ほうれん草、小松菜、春菊、長ねぎ、ブロッコリーなど

1 メインを決める

まずはメインを5種類決めましょう。メインだけでも決めておくと、食材の無駄が出にくく、副菜も考えやすくなります。曜日までは厳密に決めなくてもOKです。

手順

● **食べたいメニューを考える**

まずは自分や家族が食べたいメニューがある場合はそれを入れましょう。特にない場合はバランスで考えます。

● **バランスを考えて他のメニューを決める**

肉が多くなりがちですが、週に1回は魚を入れたいところ。考えるのが面倒な場合は、月曜日は豚肉、火曜日は鶏肉、水曜日は魚などパターンを決めておくのもおすすめです。また、1日目が煮物なら2日目は焼く、揚げるなど、調理法を変えるとバリエーションが出ます。

● **必要な食材をピックアップする**

メインが5種類決まったら、肉や魚以外に必要な食材をリストアップしておきましょう。

例

月 ハンバーグ（ひき肉）

火 肉じゃが（牛or豚）

水 鮭のムニエル（魚）

木 鶏の照り焼き（鶏肉）

金 麻婆豆腐（ひき肉）

上記の例の場合はじゃがいも、玉ねぎ、にんじん、長ねぎ、しょうが、にんにく、豆腐など。

献立を考えるのが苦手という人は、ある程度パターン化すること、ガッチリと決めすぎないことで楽になるかもしれません。私が普段実践している献立の立て方をご紹介します。ぜひ参考にしてみてください。

2 副菜を決める

メインは食べたいものが浮かぶけれど、副菜に迷ってしまうという声も。難しく考えすぎず、野菜1〜2種類で作れる簡単なメニューでOKです。

手順

● メインの野菜を振り分ける

まずはメインに使う野菜が余らないよう、振り分けていきます。豆腐や卵などの食材も使いきりたい場合はメニューに加えます。

● 野菜を追加する

野菜はメインで使うものと合わせて5〜7種が目安。彩りを意識するとするときれいで栄養バランスもよくなります。左ページの旬の食材メモも参考にして。

● プラス食材を決める

野菜に加え、きのこ類、厚揚げ、豆腐、納豆、卵などがあるとバリエーションが広がります。

副菜のポイント

- 基本は野菜1〜2種で作る。
- ボリュームがほしいときはツナやベーコン、ハムを活用。
- メインと味がかぶってしまう場合は5味（甘・塩・酢・辛・旨）のバランスで考える。
- コンロ、レンジ、加熱しないなど調理方法を分けると時短。
- もずくや豆腐、練り物などそのまま食べられる食材も活用。

3 汁物を決める

足りない野菜を補えたり、体を温めたりしてくれる汁物。味付けもパターン化しやすく、どんな野菜も使えるので組み合わせを変えて楽しんでください。

手順

● メインに合わせて 味付けを決める

メインが和食なら味噌汁やお吸い物、洋食ならコンソメやトマト系スープ、中華なら中華スープなどにするとまとまりがよくなります。

● 野菜を振り分ける

汁物はどんな野菜でも合うので、余りそうなものを回します。余った野菜を冷凍して汁物用のストックとしても。冷凍のまま使えて、解凍後の水っぽさも気になりません。

汁物のポイント

- その日に使っていない食材を使うと栄養バランスが◎。
- メインがあっさりしているときは肉だんごや卵を入れたりしてボリュームアップ。
- 乾物（乾燥わかめ、とろろ昆布、お麩など）や油揚げを常備しておくと便利。

\\ まとめて作って時短に！ //

忙しい週の 作り置き献立

忙しくなるとわかっている週は、週末に作り置きをします。
ご紹介する7品は、時間をおくことで美味しくなるメニュー。
これさえあれば、毎日20分できちんと晩ごはんの完成！

今週のお買い物リスト

□ 豚バラ薄切り肉 … 350g
□ 豚ひき肉 … 200g
□ 鶏もも肉 … 大1枚（350g）
□ 鮭 … 2切れ
□ メカジキ … 2切れ
□ かぼちゃ … ¼個（400g）
□ ごぼう … 1本（150g）
□ 小松菜 … 2袋（大8株）
□ じゃがいも … 3個（400g）
□ 大根 … 大½本（700g）
□ 玉ねぎ … 2個
□ 小ねぎ … 適量

□ にんじん … 1本
□ 白菜 … ¼カット1個（500g）
□ にんにく … 2かけ
□ しょうが（チューブでも可）
　　… 1かけ
□ エリンギ … 1パック（2本）
□ 卵 … 2個
□ 半熟卵 … 2個
□ バター … 10g
□ 油揚げ … 1枚
□ 鷹の爪 … 適量
□ パセリ（乾燥）… 適宜

今週の使用調味料

塩・こしょう・砂糖・醤油・みりん・酒・酢・味噌・マヨネーズ・
粒マスタード（あれば）・和風だし（顆粒）・鶏ガラスープの素（顆粒）・
コンソメ（顆粒）・白いりごま・白すりごま・ごま油・オリーブオイル・
片栗粉・小麦粉

肉

食材の保存方法

豚バラ薄切り肉は月曜日使用分以外を保存。水曜日の200gをラップに包み保存袋に入れて冷凍。

鶏もも肉はラップに包み保存袋に入れて冷凍。

※豚ひき肉、鮭は作り置きで使用するので保存はなし。

魚

メカジキは1切れずつラップに包み保存袋に入れて冷凍。

きのこ

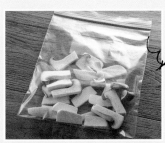

エリンギは早めの段階で全量を長さ半分の薄切りにし、保存袋に広げるように入れて冷凍。使用用途が決まっていない場合は、切らずにキッチンペーパーで包んで保存袋に入れて冷蔵。

野菜 オマケ

その他

長ねぎや小ねぎは小口切りにし、保存容器にキッチンペーパーを敷いて冷蔵すると水っぽくならず長持ちする。

小松菜は作り置きを作るときにまとめて茹で、しっかり水気を絞り、2～3株ずつラップに包み保存袋に入れて冷凍。

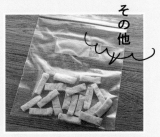

油揚げは火曜日に熱湯をかけキッチンペーパーで水気を拭き、短冊切りにして使用分以外を保存袋へ広げるように入れて冷凍。解凍すると水分が出るので凍ったまま使用。

Fifth week

※冷凍した食材は、特に記載のない場合は解凍して使用してください（P.5参照）。

鮭の南蛮漬け

大根の煮物&
大根のそぼろあんかけ

ポテトサラダ

かぼちゃの
そぼろあんかけ

きんぴらごぼう

小松菜の
ごま和え

白菜の浅漬け

鮭の南蛮漬け

保存目安
冷蔵
3〜4日

材料 | 2人分

鮭 … 2切れ
片栗粉 … 大さじ1
玉ねぎ … ½個（100g）
にんじん … ¼本（50g）

［南蛮酢］
A｜ 酢 … 50㎖
　　水 … 大さじ2
　　砂糖 … 大さじ1と½
　　醤油 … 大さじ1
　　塩 … ふたつまみ

油 … 適量
小ねぎ（小口切り） … 適量

作り方

1　鮭は一口大に切り、全面に片栗粉をまぶす。玉ねぎはくし形切りにする。にんじんは細切りにする。Aは保存容器に入れ、混ぜ合わせて南蛮酢を作る。

2　フライパンに油少々を熱し、玉ねぎとにんじんを炒める。しんなりしたら、取り出して南蛮酢につける。

3　そのままのフライパンに油小さじ2を足し、鮭を焼く。焼き色がついたら返し、蓋をして弱火で4〜5分蒸し焼きにする。

4　鮭に火が通ったら、取り出して南蛮酢につけ、先につけておいた野菜を上からかぶせる。粗熱が取れたら蓋をして冷蔵保存する。

5　食べる直前に小ねぎを振る。

MEMO

作り置きせずすぐ食べる場合は、Aの水を半量（大さじ1）にし20分程度つければOKです。

かぼちゃの そぼろあんかけ

保存目安
冷蔵
5日

「大根のそぼろあんかけ」用のそぼろあんを含む

(材料 | 2人×2日分)

かぼちゃ
　… ¼個（400g）

［そぼろあん］
豚ひき肉 … 200g
酒 … 大さじ2
A　水 … 100㎖
　　醤油 … 大さじ2
　　みりん … 大さじ2
　　砂糖 … 小さじ4
片栗粉 … 大さじ1

(作り方)

1　かぼちゃは一口大に切り、耐熱容器に入れてふんわりとラップをして電子レンジで6分加熱する。かたいところがあれば追加で加熱する。

2　鍋にひき肉と酒を入れて弱火で熱し、菜箸でかき混ぜてそぼろ状にする。肉の色が変わったらAを加えてひと煮立ちさせる。

3　同量の水（分量外）で溶いた片栗粉を加えて混ぜ、とろみをつける。

4　保存容器にかぼちゃを入れ、3の⅔量を上からかける。粗熱が取れたら蓋をして冷蔵保存する。

※ 3の⅓量は「大根のそぼろあんかけ」用に取っておく。

大根の煮物& 大根のそぼろあんかけ

保存目安
冷蔵
4日

そぼろあんは「かぼちゃのそぼろあんかけ」で作ったものを使用

(材料 | 2人分)

大根 … 大½本弱（600g）
A　水 … 200㎖
　　醤油 … 大さじ3
　　みりん
　　　… 大さじ2と½
　　酒 … 大さじ2
　　砂糖 … 小さじ4
そぼろあん（「かぼちゃの
　そぼろあんかけ」で作っ
　たもの）… 残りの全量

(作り方)

1　大根は1.5cm幅のいちょう切りにする。

2　鍋に底から5㎜程度の水（分量外）、大根を入れ、蓋をして弱火にかける。

3　大根に箸がすっと通るくらいやわらかくなったらAを入れて混ぜ合わせ、蓋をして弱火で15分程度煮る。

4　大根の⅓量は取り出して保存用器へ入れ（煮汁は入れない）、そぼろあんをかける。粗熱が取れたら冷蔵保存する。大根のそぼろあんかけの完成。

5　残りの⅔量は煮汁ごと保存用器へ入れる。粗熱が取れたら蓋をして冷蔵保存する。大根の煮物の完成。

作り置き レシピ

ポテトサラダ

保存目安
冷蔵
5日

（材料｜2人×2日分）

玉ねぎ … ½個（100g）
じゃがいも … 3個（400g）
A｜ 砂糖 … 小さじ1と½
　｜ 酢 … 小さじ1
B｜ マヨネーズ … 大さじ6
　｜ 塩 … ひとつまみ
　｜ こしょう … 少々
　｜ 粒マスタード … 適宜

（作り方）

1　玉ねぎは薄切りにし、水にさらして水気を切る。

2　じゃがいもは小さめの乱切りにして耐熱容器に入れ、ラップをして電子レンジで6分加熱する。

3　じゃがいもを潰し、熱いうちにAを加えて混ぜる。Bを加えて混ぜ合わせる。

4　1を加えて和える。保存用器に入れ冷蔵保存する。

きんぴらごぼう

保存目安
冷蔵
5日

（材料｜2人×2日分）

ごぼう … 1本（150g）
にんじん … ½本（90g）
ごま油 … 適量
鷹の爪（輪切り） … 7〜8切れ
酒 … 小さじ4
A｜ 醤油 … 小さじ4
　｜ みりん … 小さじ4
　｜ 砂糖 … 小さじ1
白いりごま … 小さじ2

（作り方）

1　ごぼうはささがきにし、水にさらしてしばらくおき、水気を切る。にんじんは千切りにする。

2　フライパンにごま油と鷹の爪を入れて弱火にかける。香りがたってきたら、1を加え、中火で炒める。

3　野菜に油が回ったら、酒を加えて軽く炒める。Aを加えて混ぜ合わせ、蓋をして弱火で4〜5分蒸し焼きにする。

4　蓋を開けて炒め、汁気がなくなる直前で火を止め、いりごまを振る。保存用器に入れ、粗熱が取れたら蓋をして冷蔵保存する。

小松菜のごま和え

保存目安
冷蔵
3日

(材料 | 2人分)

小松菜 … 3株（150g）
A │ 白すりごま … 大さじ2
　│ 砂糖 … 大さじ1
　│ 醤油 … 大さじ1

(作り方)

1　小松菜は茎と葉を切り分けてそれぞれラップ
　　に包み、電子レンジで茎を1分半加熱し、さ
　　らに葉を加えて1分加熱する。粗熱が取れた
　　ら水気を絞り、3cm幅に切る。

2　ボウルに1とAを入れて混ぜ合わせる。保存
　　用器に入れ、蓋をして冷蔵保存する。

(MEMO)

小松菜は作り置き以外の分もまとめて加熱し、冷凍
しておくと便利です（P.105参照）。レンジ加熱でな
く、茹でてもOK。

白菜の浅漬け

保存目安
冷蔵
2〜3日

(材料 | 2人×2日分)

白菜 … ¼カット4〜5枚（200g）
塩 … 小さじ½
和風だし（顆粒）… 小さじ1

(作り方)

1　白菜はざく切りにしてポリ袋に入れ、塩を
　　もみ込む。10分程度おき、水気をしっか
　　り絞る。

2　和風だしを加え、袋の上からもみ込む。保
　　存用器に入れ冷蔵保存する。

(MEMO)

お好みで最後にゆずやすだちの果汁を絞っても◎。
保存袋でもみ込む場合は、破れていなければその
まま保存できます。

豚大根

「大根の煮物」は作り置き（P.109）を使用

（材料｜2人分）

小松菜（茹でたもの）
　…2株
半熟卵 … 2個
豚バラ薄切り肉
　… 150g
「大根の煮物」（煮汁も
　含む）… 作り置き分

（作り方）

1　小松菜は3cm幅に切る。半熟卵は半分に切る。

2　鍋を熱し、豚肉を入れて炒める。肉の色が変わり始めたら余分な油をキッチンペーパーで拭き取り、大根の煮物の煮汁を加え、弱火で5分程度煮る。

3　大根を加え、好みの濃さに煮詰める。

4　器に盛り1を添える。

半熟卵の作り方

鍋に卵がしっかりかぶる量の水を入れて火にかけ、沸騰したら卵をそっと入れる。そのまま6分半茹でて冷水に取る（茹で時間は冷蔵庫から出したての卵の場合。常温の卵なら5分半が目安）。

ポテトサラダ 　作り置き（P.110）

白菜の浅漬け 　作り置き（P.111）

にんじんと大根の味噌汁

（材料｜2人分）

にんじん … ¼本（40g）
大根 … 2cm程度（40g）
水 … 350㎖
和風だし（顆粒）
　… 小さじ½
味噌 … 大さじ1と½
白いりごま … 小さじ1
ごま油 … 少々

（作り方）

1　にんじんと大根はピーラーで薄く切る。

2　鍋に水、1を入れて火にかけ、野菜がしんなりしたら和風だしを加える。

3　火を止めて味噌を溶き入れ、いりごま、ごま油を加える。

［MEMO］

ピーラーでカットすると食感が変わっていつもと違った雰囲気に。野菜のサイズや形によってピーラーで切るのが難しい場合は、細切りや薄切りなどお好みで。

Tuesday 火曜日
「鮭の南蛮漬け」
の献立

鮭の南蛮漬け 作り置き(P.108)

かぼちゃの そぼろあんかけ 作り置き(P.109)

白菜の浅漬け 作り置き(P.111)

MEMO

水が出て味が薄くなっている場合は、水分を切り、
塩を少々足して味を調整してください。

大根と油揚げの味噌汁

材料｜2人分

大根 … 2～3cm（60g）
油揚げ … ½枚
水 … 350mℓ
和風だし（顆粒） … 小さじ½
味噌 … 大さじ1と½

作り方

1 大根は2mm幅のいちょう切りにする。油
揚げは熱湯をかけてキッチンペーパーで水
気を拭き、短冊切りにする。

2 鍋に水、大根を入れて火にかける。大根が
やわらかくなったら、和風だし、油揚げを
加える。

3 火を止めて味噌を溶き入れる。

MEMO

油揚げはまとめて短冊切りにし、冷凍しておくと
便利です（P.105参照）。

豚肉と白菜の中華風炒め

（材料｜2人分）

豚バラ薄切り肉 … 200g
白菜 … ¼カット4〜5枚（200g）
にんにく … 1かけ
油 … 小さじ1
A｜水 … 50㎖
　　鶏ガラスープの素（顆粒）
　　　… 小さじ2
　　醤油 … 小さじ1
　　塩、こしょう … 各少々
片栗粉 … 小さじ1と½

（作り方）

1　豚肉は一口大に切る。白菜はざく切りにする。にんにくはみじん切りにする。

2　フライパンに油とにんにくを入れ、弱火にかける。香りがたってきたら豚肉を入れ、中火で炒める。

3　豚肉の色が変わってきたら、白菜を入れて蓋をし、弱火で3〜4分蒸し焼きにする。

3　Aを加えて混ぜ合わせながら軽く炒め、倍量の水（分量外）で溶いた片栗粉を加え、全体を混ぜながらとろみをつける。

（MEMO）
にんにくはチューブ2㎝でもOKです。その場合はAと一緒に加えてください。

きんぴらごぼう 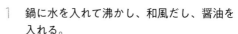 作り置き（P.110）

小松菜のごま和え 作り置き（P.111）

卵のスープ

（材料｜2人分）

水 … 400㎖
和風だし（顆粒）… 小さじ1
醤油 … 小さじ2
溶き卵 … 2個分
塩、こしょう … 各少々
小ねぎ（小口切り）… 適量

（作り方）

1　鍋に水を入れて沸かし、和風だし、醤油を入れる。

2　溶き卵を回し入れ、かたまり始めたらゆっくり混ぜる。

3　塩、こしょうで味を調え、小ねぎを振る。

木曜日
「メカジキの
バター醤油焼き」
の献立

メカジキのバター醤油焼き

（材料｜2人分）

メカジキ … 2切れ
小麦粉 … 大さじ1〜
小松菜 … 3株
油 … 小さじ1
エリンギ（長さ半分の薄切り）
　… 1本
A｜みりん … 大さじ1と½
　｜醤油 … 大さじ1と½
　｜酒 … 大さじ1
　｜砂糖 … 小さじ1と½
　｜しょうが（チューブまたはす
　｜　りおろし） … 小さじ1
　｜塩、こしょう … 各少々
バター … 10g

（作り方）

1　メカジキは塩少々（分量外）を振って5分程度おき、水気をキッチンペーパーで拭き取る。一口大に切り、小麦粉を全面にまぶす。小松菜は3cm幅に切る。

2　フライパンに油を熱し、メカジキを焼く。焼き色がついたら返し、隙間に小松菜とエリンギを加えて軽く炒める。蓋をして弱火で5〜6分蒸し焼きにする。

3　Aを混ぜ合わせて加え、煮詰めながら具材に絡める。

4　バターを加え、全体になじませる。

（MEMO）
小松菜とエリンギは生でも冷凍でも同じタイミングで入れてOKです。

大根のそぼろあんかけ　作り置き（P.109）

ポテトサラダ　作り置き（P.110）

白菜と油揚げの味噌汁

（材料｜2人分）

白菜 … ¼カット2枚（100g）
水 … 350㎖
和風だし（顆粒） … 小さじ½
油揚げ（短冊切り） … ½枚
味噌 … 大さじ1と½

（作り方）

1　白菜は短冊切りにする。

2　鍋に水、白菜を入れて火にかける。白菜がしんなりしたら和風だし、油揚げを加える。

3　火を止めて味噌を溶き入れる。

Friday 金曜日
「チキンステーキ
玉ねぎソース」
の献立

チキンステーキ
玉ねぎソース

（材料｜2人分）

鶏もも肉
　…大1枚（350g）
塩…小さじ⅓
こしょう…適宜
にんにく…1かけ

［玉ねぎソース］
A｜玉ねぎ
　　…½個（100g）
　｜醤油…大さじ2
　｜みりん…大さじ1
　｜酒…大さじ1
　｜砂糖…小さじ2
　｜コンソメ（顆粒）
　　…小さじ½

オリーブオイル…大さじ1
パセリ（乾燥）…適宜

（作り方）

1　鶏もも肉は厚い部分に切り込みを入れて開き、厚みを均一にする。両面に塩、こしょうを振る。にんにくは薄切りにする。Aの玉ねぎはすりおろす。

2　フライパンにオリーブオイル、にんにくを入れて弱火にかける。にんにくはきつね色になったら取り出す。

3　そのままのフライパンに鶏肉を皮目から入れ、フライ返しで押しつけながら焼く。焼き色がついたら返し、蓋をして弱火で7〜8分蒸し焼きにする。火が通り、反対側にも焼き色がついたら取り出す。

4　そのままのフライパンにAを入れて弱火にかける。混ぜながら軽く沸騰するまで1分程度煮る。

5　鶏肉は粗熱が取れたら食べやすい大きさに切り、器に盛る。4をかけ、にんにくチップをのせ、好みでパセリを振る。

かぼちゃのそぼろあんかけ　作り置き（P.109）

きんぴらごぼう　作り置き（P.110）

玉ねぎとエリンギのスープ

（材料｜2人分）

玉ねぎ…½個（100g）
水…400mℓ
エリンギ（長さ半分の
　薄切り）…1本
A｜コンソメ（顆粒）
　　…小さじ2
　｜塩、こしょう…各少々

（作り方）

1　玉ねぎは薄切りにする。

2　鍋に水、1、エリンギを入れて火にかける。しんなりしたらAを加えて味を調える。

翌日食べたい アレンジレシピ

2週目
木曜日の

「豚キムチ炒め」
(P. 48) をアレンジ!

キムチチャーハンオムライス

パンチの効いたキムチ炒めライスを卵でやさしく包みます。

材料｜2人分

「豚キムチ炒め」… 2人分
ご飯 … 茶碗2杯分
塩 … ふたつまみ
醤油 … 小さじ1〜
A｜卵 … 3個
　｜牛乳（水でも可）
　｜　… 大さじ1
油 … 小さじ2

作り方

1　フライパンを熱し、「豚キムチ炒め」を入れて軽く炒め、ご飯を入れて混ぜながら炒める。

2　塩、醤油を加えて混ぜ合わせ、器に½量ずつ盛る。

3　Aを混ぜる。

4　フライパンに油を熱し、3の½量を流し入れ、ゆっくりかき混ぜながら半熟状にして、2のチャーハンにのせる。同様にもう1人分作る。

本書で紹介したメニューをアレンジして作る、
主食レシピをご紹介します。どれもアレンジレシピとは思えない
美味しさなので、ぜひ夜に倍量作っておき、翌日お試しください。

2週目
金曜日の

「茹で鶏の油淋鶏ソース」(P.52)
の茹で鶏&茹で汁をアレンジ!

中華粥

茹で鶏を多めに作っておけば、本格的な中華粥にアレンジできます。

材料｜2人分

茹で鶏 … 大½枚分
小ねぎ … 1本
しょうが … 1かけ
茹で汁 … 600mℓ
ご飯 … 茶碗2杯分
塩 … 小さじ⅓
鶏ガラスープの素（顆粒）
　… 大さじ1
ごま油 … 小さじ1
白いりごま … 適量

作り方

1　茹で鶏は食べやすい大きさの薄切りにする。
　小ねぎは小口切りに、しょうがは千切りにする。

2　茹で汁を火にかけて温め、ご飯、塩、鶏ガラスープの素を加えて2～3分煮込む。

3　器に盛り、ごま油を回しかけ、1をのせ、いりごまを振る。

3週目
水曜日の

「キーマカレー」(P. 68)
のカレーをアレンジ!

カレードリア

チーズをのせてこんがり焼くだけでドリアが完成!

材料 | 2人分

ご飯 … 茶碗2杯分
カレー … 2人分
ピザ用チーズ … 60g

作り方

1　耐熱皿にご飯を盛り、カレーを広げるように
のせ、上にピザ用チーズをのせる。

2　オーブントースターでチーズに軽く焼き色が
つくまで4～5分焼く。

4週目
金曜日の

「ミートボールの
トマト煮込み」
（P.100）をアレンジ！

ボロネーゼパスタ

ミートボールをスプーンで崩してミートソースを作ります。

材料｜2人分

スパゲティ… 200g
「ミートボールのトマト
　煮込み」… 2人分
オリーブオイル … 小さじ2
粉チーズ … 適宜
パセリ（乾燥）… 適宜

MEMO

しめじとブロッコリーはお好み
で。入れる場合は粗みじん切り
にします。

作り方

1　鍋に湯1L（分量外）を沸かして塩小さじ2（分量外）を入れ、スパゲティを袋の表示通りに茹でる。

2　スパゲティを茹でている間に「ミートボールのトマト煮込み」は耐熱容器に入れてラップをし、電子レンジで軽く温め、ミートボールをスプーンで潰して混ぜておく。

3　スパゲティが茹で上がったら湯を切り、オリーブオイルを絡めて器に盛る。2をかけ、好みで粉チーズ、パセリを振る。

食材別 INDEX

[お問い合わせ先]
iwakiお客様サービスセンター　03-5627-3870
佐藤商事　03-5218-5338
Seria　www.seria-group.com
ののじ　050-5509-8340
無印良品　銀座　03-3538-1311
安吉　0584-71-9234
ゆとりの空間オンラインショップ　03-4590-8918
ロロ　0572-55-7381

Staff

撮影 ● 三村健二
フードスタイリング ● 野中恵梨子
調理 ● 井上裕美子（エーツー）
調理アシスタント ● 松田純枝（エーツー）
デザイン ● 細山田光宣、狩野聡子
　　　　　　　（細山田デザイン事務所）
ライター ● 明道聡子（リブラ舎）
校正 ● 東京出版サービスセンター
撮影協力 ● UTSUWA
編集　森 摩耶（ワニブックス）

晩ごはん食堂

週末まとめ買いから平日5日間のラクチン献立

2021年11月30日　初版発行
2023年11月10日　5版発行

著　者　晩ごはん食堂

発行者　横内正昭
編集人　青柳有紀
発行所　株式会社ワニブックス
　　　　〒150-8482
　　　　東京都渋谷区恵比寿4-4-9　えびす大黒ビル
　　　　電話　03-5449-2711（代表）
　　　　　　　03-5449-2716（編集部）
　　　　ワニブックスHP　http://www.wani.co.jp/
　　　　WANI BOOKOUT　http://www.wanibookout.com/

印刷所　大日本印刷株式会社
DTP　　株式会社三協美術
製本所　ナショナル製本